樂律 讀與讀更有價值
READING CAN BE MORE VALUABLE

阿德勒的 心理學繪圖

ALFRED ADLER

從內在衝突到外部行為的全貌

從早期記憶到成年性格，
一步步了解日常行為的成因

阿爾弗雷德‧阿德勒
Alfred Adler 著

邊愛萍 譯

生活是一門學問，而心理學正是解開其中的鑰匙！

自卑情結 × 優越情結 × 早期記憶 × 夢境解析 × 戀愛婚姻，
用心理學的角度打開各種行為下隱藏的奧祕，

從中窺探生活背後的冰山一角！

目錄

目錄 ●●●●●●●●●●●●●●●●●●●●●●●●●●●●●●●●●●

推薦序

人生的意義在於你擁有解決生活問題的勇氣

　　個體心理學強調，個體與整體的關係密不可分，主張將個體的行為模式理解成人格整體的一部分，即把個體的單一動作和行為理解成他的生活態度的外在表現。比如，在犯罪心理學中，我們不能僅僅關注罪行這一外在行為表現，更要關注導致犯罪的根源因素，要去了解罪犯的生活環境和生活目標，並把這些當成他生命長河中的一部分來研究，這樣才能更容易理解犯罪行為背後隱藏的含義，並預防此類罪行再次發生。從這個角度來看，個體心理學是具有雙重預言性的：既能預言未來即將發生的事，也能避免將來可能會發生的事。

　　我們每個人都渴望健康成長，渴望透過奮鬥實現成功的目標，渴望超越現狀，這種渴望在某種程度上也是為了補償我們在其他方面的缺陷和自卑。我們往往會在童年早期就設定目標，並且會透過各種努力來克服障礙。比如一個身體不健全的孩子會有明顯的自卑感，為了擺脫這種難以承受的心理狀態，他只能為自己設定明確的目標，如希望透過優異的成績來補償先天的劣勢，並且這個目標會支配著他的每一

個行動。這種以完成目標為導向的、持續一致的行動就是生活風格，了解一個人的童年經歷也是發現其今後的生活風格最重要的辦法。也就是說，當這種蘊含目標的早期人格形成時，個體的人生方向和命運軌跡也基本規劃完成，我們也就可以很好地預測個體未來的人生。當然，如果個體在成年後的行為模式出現問題，也需要追溯到其童年尋找根源。

生理缺陷並非導致個體自卑的唯一原因，被溺愛和被厭惡也會導致這樣的結果。這三種類型的孩子對自己的關注超越了對他人的關注，他們時刻害怕被攻擊，無法獨立成長，並表現出較低水準的社會興趣，無法坦然地面對生活中的順境和逆境。缺乏社會興趣往往等同於走向無意義的生活，那些問題兒童、罪犯、瘋子，還有醉漢，他們幾乎都缺乏社會興趣。就拿罪犯來說，如果去調查他們的智力、理解力及犯罪動機，就會發現，他們往往覺得自己是個智勇雙全的人，試圖透過實施犯罪獲得了一種優越感 —— 他比警察更聰明，並且有能力戰勝其他人。在他們的心目中，他們自己就是英雄，而看不到自己的行為與真實的英勇相去甚遠。正是由於缺乏社會興趣，他們的行動才會導向沒有意義的生活方式。當然，社會興趣的匱乏與童年時期膽小怯懦的性格息息相關，而他們還意識不到這一點。被無用的事物所吸引的人常常害怕黑暗和孤獨，他們渴望同伴。這就是懦弱的表現。其實，制止犯

罪最好的方法就是讓所有人相信，犯罪只不過是因為懦弱。加強對罪犯的懲罰並不會讓他們害怕，反而會激發他們的英雄幻想。因此心理學的任務就是要在孩子的童年期給予他們正確的引導，幫助他們形成適當的社會興趣，培養起有意義的生活態度和良好的社會適應能力，以防自卑感發展成自卑情結。

　　總之，我們要想推斷一個人的個性特徵，可以透過個體早期的生活目標來了解，因為一個人的所有個性都是為實現生活目標而服務的。這個目標不僅影響個體的個性、行為和表達方式，還會支配他的情感生活，甚至是夢。因為夢都具有一定的指向性，是由我們的生活目標決定的，而且夢能讓我們體驗到某種特定的情緒或情感，從而讓我們在無法付諸行動的時候就能獲得相應的體驗。需要知道的是，生活目標是具有象徵性的，這個目標就是社會興趣的縮影。如果一個男孩希望長大後成為「劊子手」，這就表示他缺乏社會興趣，想成為生與死的主宰。他會走向這樣一種沒有切實意義的人生，是因為他期望自己比這個社會更強大。而也有一些希望掌控生死的人以成為醫生為目標，這一目標可以經由社會服務來達成，它指向的是對社會有用的目標，個體能因此克服自卑感，獲得心理上的滿足。

吳清波

好心晴讀書會創始人

關於作者和他的研究

阿爾弗雷德・阿德勒博士在心理學研究中，採用的雖是科學普適的研究方法，但本質上，他研究的是每個不同的個體，因此，他的心理研究成果也被稱作「個體心理學」。這一心理學流派的研究主題是每一個具體的、獨特的、唯一的人類個體，只有透過了解我們所遇到的每一個具體的男女老少，我們才能真正領會其奧義。

他的研究對現代心理學最突出的貢獻在於，他揭示了個體如何透過驅動各項精神活動而為自身服務，以及人類的先天能力和後天努力如何指向同一目標。如此一來，我們便能深入同伴的內心，理解他們的理想、困苦、打拚和挫敗，並以這種方式獲取個體完整而生動的人格影像。在這種協同觀念下，我們似乎能體悟到某種生命的真諦，儘管這一境界仍處於最基礎的層次。這是一種過去從未有過的方法，如此嚴謹，卻又能與所有現實中最為流動多變、難以捉摸的人類靈魂的波動相適應。

在阿德勒看來，不僅僅是科學，甚至智力本身也是人類社會共同努力的結果。正因如此，我們會發現，相比於過去

或同時代的合作者對他的讚譽，他對自身獨特貢獻的評價往往顯得更為謙和。由此我們有必要考慮一下阿德勒與精神分析運動的關係，首先我們需要簡單地回顧一下激起整個精神分析運動的哲學衝擊。

現代心理學普遍認同無意識記憶是一種重要的記憶概念。但佛洛伊德最初作為一名研究歇斯底里症的專家，把性生活中的成功或失敗的記憶放在了首要（甚至是唯一重要）的地位。精神病學家榮格嘗試透過揭示超個體或種族記憶的力量，以突破這種令人痛苦的狹隘觀點，他相信這些力量擁有與性同等的力量以及更高的生命價值。

阿爾弗雷德·阿德勒作為一名有著豐富經驗的臨床醫生，將無意識這個概念與生物學事實進行了更緊密的結合。他作為原精神分析學派的一員，曾以這種方式做了許多工作。他試圖透過分析，將記憶從一種模糊的情緒狀態轉化成更為清晰而客觀的存在。但他發現，每個個體的記憶方式都不相同。舉例來說，並非所有人的無意識記憶都圍繞著性慾。我們能夠從每個人身上找到他們從所有可選經驗中挑選經驗的獨到方法，那麼這些選擇方法是如何確定的呢？阿德勒回答說，這在本質上是機體的一種需求意識，某種尋求補償的特定自卑感催生了這種需求。就好像每個靈魂都能意識到他的整個物質實相，並不眠不休地致力於抵償其內在的缺陷。

比如，從某種程度上看，小個子男人的整個人生就可以理解為迫切追尋偉大的奮鬥史，聾人的努力在一定意義上就是為了彌補聽覺上的缺陷。當然，現實遠沒有那麼簡單，因為系統性的缺陷可能導致一系列的指導性思維，同時，在人類生活中，我們還需處理想像中的缺陷和空想狀態的奮鬥，但即便在這種狀態下，我們仍然遵循著相同的原則。

　　性生活不能控制一切活動，卻完美地符合那些更為重要的奮鬥準則，因為它極大地受控於情緒，而情緒則由整個生命歷程所塑造。由此，佛洛伊德式的分析真實地描述了在既定生命線中由於性而產生的結果，但這種診斷的正確性也僅限於此。

　　而今，心理學第一次扎根於生物學。精神的傾向和心智的發展，似乎從一開始就受制於抵償機體缺陷或劣勢地位的努力。一個生物體中任何卓越或獨特的傾向都誕生於此。這一原理普遍適用於人類或動物，甚至在植物王國也得以通行；物種透過各類活動、成長或結構特性，成功地補償了其與所處環境相關的缺陷和劣勢，而它們擁有的特殊天賦也被視作補償過程的產物。

　　補償的概念作為一種生物學原理並不新鮮，人們早就知道，當身體的某些部分受到傷害時，另一些部分就會得到更多的發展。比如，如果一個腎臟停止了工作，另一個便會異

常發育，直至它的功能足以完成雙重任務；若心臟瓣膜出現滲漏，整個器官就會長得更大，以彌補其功效的損失；而當一種神經組織遭到破壞，鄰近的另一種組織便會努力承擔相應的神經功能。在緊急狀態下，整個生物體為應對特殊工作或消耗而進行補償式發展的情況太多也太常見，在這裡無須贅述。但值得一提的是，正是阿德勒博士首先將這一生物學原理引入心理學，並證明了它在精神和智力層面所造成的作用，使其成為心理學中的基本理念。

　　阿德勒不僅向醫生推薦個體心理學，同時也向非專業人士，尤其是向教師們推薦這一研究。挖掘心理學的文化內涵已成為一種必然，儘管週遭充斥著反對的聲音，我們仍必須堅定地倡導，個體心理學建立於這樣一種觀念之上，即現代心理學要求關注疾病和痛苦等非健康的精神狀態。誠然，精神分析的著作揭示了現代社會所呈現的最核心、最普遍的罪惡。但如今的問題不在於思考我們的錯誤，更重要的是從中吸取教訓。我們總是試圖生活在迴避心理的現實之中，好像我們全然不必顧及精神層面的真相，就能夠建立一種文明。阿德勒提出的並非是一種普遍應用於心理病理學的研究，而是一種根據積極的科學心理學對社會進行的具有實踐意義的改革，他為此貢獻了最重要的原則。但如若我們過於害怕真相，以上這些便無從實現。如果我們不能更深刻地理解自己

所犯的錯誤，我們也不可能對人生中不可或缺的正確目標有更清晰的了解。也許我們不願看到醜陋的事實，可正如光芒定義了陰影，一旦我們更真切地去感受生活，我們也將更清楚地洞察到使我們遭受挫敗的確切問題所在。

一種對人類有用的積極心理學並不單純地來源於精神現象，更不能僅僅從病理表現中獲悉，它需要一種規律性的原理來支撐。對此，阿德勒沒有退縮，他意識到了人類社會生活的共同邏輯，並對此絕對信奉。

在了解這一原理的過程中，我們必須著手評估與之相關的個體心理。個體的內在生活與人類世界之間的連繫可以透過三種「生活態度」加以辨識，即個體在面對社會關係、職業選擇以及戀愛婚姻時的通常反應。

透過對整個社會（任何單一或群體對象）的感知，人們可以了解他們具備的社會勇氣。自卑感總是在面對現實社會而感到害怕或不確定時表現出來，這種自卑感的外在表現可能是膽怯或沉默，也可能是反抗或過度焦躁。與生俱來的懷疑或敵意、無以名狀的戒心或對掩飾的渴望，當所有這些感覺對處於社會關係中的個體產生廣泛影響時，個體同樣會顯現出社會退縮的傾向，而這也阻礙了其自我肯定的形成。對待社會的理想態度，或者說是正常態度，應當是不假思索地假設人類的平等，它不會因人們所處位置的不同而受到影響。

一個人的社會勇氣往往取決於家庭成員為其生活帶來的安全感。從對鄰里、對國家或對其他民族所表達的情感，甚至從他在報紙上讀到這些事件時的反應，他便可以推斷出植根於自己內心深處的安全感究竟有多牢固。

個體對待職業的態度與身處社會中的自我安全感息息相關。一個人透過他的職業賺取社會物品和社會權力的份額，在這過程中，他不得不面對社會需求的內在邏輯。如果他面對社會時產生了巨大的無力感，或與整個社會發生了過大的分歧，那麼他會相信自己的價值將永遠無法得到認可，因而也不會為了獲得認可而努力工作。相反，他將只為安全感而戰，他工作只為獲取金錢或利益，從而抑制了自我價值的實現。他往往不敢奢求最好也不願盡力付出，因為他怕得不到應有的回報。又或者，在經濟事務中，他總是在尋找那一灣安靜的死水潭，在那兒他可以隨心所欲，不必盤算好處也無須擔心利潤。在這兩種情況下，社會無疑得不到最好的服務，但受損失的不僅是社會，還有個體自身，沒有展現應有的社會意義同樣會使人深感不滿。

我們總能看到現代社會的人們與其職業選擇之間的公開衝突，這無關乎他們在世俗意義上是否成功，但人們總不相信這一點。他們會用所謂的公平正義把一切歸咎於社會和經濟狀況，然而事實上還有一個重要的因素，那就是他們往往

缺乏在履行其經濟職能的同時為實現最高價值而奮鬥的勇氣。即使人們內心本有所信仰，他們也不敢聲稱自己有權去給予，否則便會因社會對他們的真正需求而感到不屑。因此，他們表現得個人主義至上，甚至鬼鬼祟祟地追求自己的利益。當然，我們必須意識到，社會組織中存在著許多問題，除了評判上可能有失公允，決心真正投身於社會服務的個體也常常不得不面對重重阻礙。但恰恰是這種竭盡全力的奮鬥精神使人們從中獲益，此時個體需求與社會需求相當。如果一個人在一份職業中總是在向困難妥協，而從未獲得過克服困難的成功體驗，那他必然無法愛上這份工作。

　　第三種社會態度（即對婚戀的態度）則決定了性生活的發展。只有前兩種生活態度（即對待社會和職業的態度）得到了妥善的調適，第三種生活態度才會隨之自我調整。它的扭曲或謬誤是無法離開他人而自行改善的。我們可以思考如何改善社會關係和職業生涯，但對於個人的性問題來說，過度的關注幾乎注定會使問題變得更加糟糕。因為對待婚戀的態度更屬於結果的範疇。一個在日常生活或職場中屢屢受挫的人，在其性生活中便會表現出獲取補償的傾向，以彌補其在特定領域中的失敗表現。這實際上是對變幻莫測的性的最佳理解方式，無論它表現出的是個體的孤立、對伴侶的貶抑還是其他任何形式的本性扭曲。友誼其實也是整個愛情生活不

可分割的一部分。在最早的精神分析學家們的想像中，友情是性吸引的昇華，但性衝動（一種反抗性的性心理因素）是一種對良好友情中不斷增強的親密感的非正常代替，而同性戀在很多情況下就是由愛的能力缺失造成的。

正如許多優秀詩作向人們證明的那樣，我們賦予感官的意義和價值同樣與性生活密切相關。我們對大自然的情感，對海洋與陸地之美的反應，對形式、對聲音、對色彩的理解，以及面對暴風陰霾時的態度，都與我們完整的愛的能力相關。就這樣，生活中一切對藝術和文化的審美，在個體的社會勇氣和智慧中，最終得以衍生。

我們不應把塑造集體意識看得如此艱難，它與利己主義一樣，是與生俱來的人類天性，而且作為一種生活原則，這種情感應當被優先發展。我們要做的並不是創造，而是將它從壓抑中釋放。經驗告訴我們這是生活的保留原則，如果有人認為，沒有本能的集體意識的存在，公車司機、鐵路工人也會像現在這樣提供服務，那麼他一定會被高度懷疑患上了與統覺基模相關的精神官能症。坦率地說，阻礙集體意識發展的就是隱藏在人類靈魂中龐大的自負傾向，而它又是如此微妙，以至於在阿德勒之前，沒有專業的心理學家能夠給出證明，雖然一些藝術家早已領悟它的無處不在。事情總是那麼出人意料，其實許多小記者或售貨員的雄心壯志都大到足

以使大天使降臨，更不用說世界上那些偉大的人們了。

　　每一次的自卑感都使人們與生活的接觸充滿苦惱，而它也用另一種上帝般的假設激發了人類對偉大的想像，直到幻想過分膨脹（這種情況並不少見），哪怕擁有世界上至高的權威也無法將其安撫，唯有創造一個全新的世界，然後成為它的主宰才能得到滿足。這種對人性的深度揭示已經得到了證實，然而這並沒有明顯到如拿破崙實現其野心一般，它更多以消極抵抗、故意拖延、裝模作樣等方式展現，因為正是這些行為才能最清晰地顯示，當一個人因無法支配真實世界而痛苦，他就會拒絕與之合作，無論最終會對自己的境況造成何種不利。一部分人這麼做是為了讓自己能在可控的狹小領域實行獨裁；還有一部分人則甚至產生了非理性認知，似乎這個世界一旦失去了他的神聖幫助，總有一天，便會崩壞垮塌到和墮落的自己一樣的程度。如果這點看起來有些誇張，我們可以回想這樣的事實：幾乎所有最狹隘的派別（無論是宗教的還是世俗的）都堅信世界毀滅的論斷：這個讓他們逃避、讓他們絕望的世界終將迎來毀滅，只有按照他們的意願而生活的人才能得以殘存。

　　問題於是隨之而來，當了解了人類靈魂中的過度自負傾向，我們應當如何行動？我們敢說自己是奇蹟般的例外嗎，這難道不是對自負的強化？阿德勒的回答是，我們應對所有

的自我經驗保持被他稱為「半杯水（half-and-half）」的態度。我們對正常行為的理解應該是，允許這個世界或社會，抑或是我們面對的每個人，都能在某種意義上與自己保持平等的狀態。我們不應妄自菲薄，也不應貶低週遭的環境，而要假設雙方都有一半的正確性，從而確認我們與他人對等的事實。這不僅能應用於我們與其他個體的連繫中，同樣也適用於調適我們在面對陰雨天氣、面對措手不及的假期或慰藉，甚至面對剛剛錯過的那班公車時的心理反應。

　　正確地說，這並非是不切實際並令人感到如芒刺在背的謙卑。現實中存在著大量關於價值的假設，無論我們遇到的事情會呈現出何種具體的表現，它們都主張存在完全平等的現實與無所不能的週遭。所有低於這個標準的主張都是一種虛假的謙卑，因為由於我們與外界的接觸而導致的結果，確實有一半的情況取決於我們本身所採取的方式。個人應該堅定地相信，在發生在其身邊的每一件事中，自己所占據的分量就是其中的一半。

　　為保持與職業的關聯而給出建議通常十分困難，相比社會生活中允許存在的客觀情況，人們在工作中所面對的現實往往更加赤裸裸。並且，要使一個人的自身目標與紛繁世界的實際條件同時合乎理性，幾乎是不可能完成的任務。這麼做就意味著承認了社會條件本身就是一個人面臨的真正問

題，並且承認，適合他的行動範圍也限制在這種條件許可的範圍之內。

　　社會分工本身是合乎邏輯且有所裨益的，而它也賦予了渴望權力的人類以機會，去創造全然錯誤的不平等、差別化和不公正，以至於我們總是生活在一種難以調和的無序的經濟秩序之中。在這樣瘋狂的條件下，即便最優秀的人類也常常發現很難堅持與自我的對壘，他們很難既認可現實，又致力於改革。他們被一些內在的伎倆誘惑，默許混亂的發生，或避重就輕地致力於一些膚淺的補救措施。有時，他們把自己所處的職場本身看得敗壞不堪，受其汙染似乎就如久入鮑魚之肆般不可避免。殊不知，這種態度正在使他們變得傲慢而自負，從深層意義上講，這是一種道德感的缺失。很少有人想到，正確的方法是與處在相同困境中的同行們結成聯盟，維護這份職業作為社會服務的尊嚴並加以改進；這恰恰是個體得以真正與其生活中的經濟職能相協調的唯一方法。許多對工作中普遍存在的狀況抱怨得最多的人，既沒有為重塑這份工作的社會職能做任何事，也從未想過打擊那些導致其毀滅的無政府個人主義。

　　從個體心理學中我們可以得知，作為一種鐵律，每個人都有責任努力建設職業中的關係，我們可以使它成為一份兄弟情、一段友誼，或是藉以強大的合作精神而凝聚的社會團

體，不想這樣做的人，其自身的精神狀態往往是不穩定的。誠然，在許多職場中，做到這裡所提出的任務有不少困難之處。然而，更關鍵的問題在於，我們的努力應當指向一種融合。因為除非一個人在相當程度上能努力去表現完整的自我，否則工作永遠無法解放他的精神力量。一個人對待職業的理念不應僅僅是成為一個能獨立行動的執行者，也應努力成為有一定指導權的創立者。在一個人的職業生涯中，「半杯水」的評價方式將引導一種對等的觀念，使其既承認現實，又能透過合作這一必然且唯一實際的手段，與現實抗爭。

雖然個體心理學的教學原則就目前而言是無懈可擊的，但如果沒有社會組織的實踐，便也毫無用處。前文關於個人在職業中的責任的論述，相當程度上適用於整個社會職能。一個人的社會職能包括其作為國家的一員、人類的一分子所表現的積極行為，在家庭中的活躍表現自然也涵蓋在內。有這樣一個永不休假的議會，所有選舉產生的機構最終都必須遵從其決定。它存在於學校、市場以及海洋與陸地的任何地方，這就是「人之議會」，在這裡，無論遵從或控訴，無論智慧或愚昧，每一句話語或每一個眼神的交換，都是處理這個種族事務的重要衡量。把這個廣泛的聯盟建設得更為團結，讓它的議題更明確易懂，這符合每個人的利益，因為只有不斷對其進行反思，才能真正展現我們作為人類的存在意義。

當它密謀的是和平，我們的生活就會變得和諧快樂，健康和財富會不斷累積，藝術和教育將更加繁榮；當它的話題變得有所保留而令人生疑，那麼大規模的失業與飢餓、兒童營養不良等社會問題也會隨之而來；而當爭論達到最高潮時，數百萬的生命將會消失於瞬間。我們的生老病死，人類的輝煌與腐朽，都注定植根於每個人在對待處於生活關係中的每一個男女老少的態度之中。

當我們客觀地面對每個靈魂之間的關係以及相互間的責任時，我們該如何看待精神官能症患者的內在困惑呢？這難道僅僅是興趣範圍的縮小，只是對某些個人或主觀利益的過分專注嗎？精神官能症患者在看待其他人類個體時，往往認為自身的重要性似乎高於他人的生活及其目標的總和，從而對生活的更大部分失去興趣。自相矛盾的是，精神官能症患者往往對自我救贖和拯救他人有著一套龐大的計畫。

他擁有足夠的智慧，能透過誇大自己的重要性和社會貢獻，試圖在人類聯盟中補償自己的孤獨感和無力感。他可能妄圖改革教育、消除戰爭，建立一個全球性的兄弟會組織或創造一種新的文化，他甚至會付諸實踐，去計劃建設或加入具有類似目標的社會團體。當然，在這樣的目標中，他一定會因自身與他人，以及與其整個人生不切實際的連繫而被打敗。好像他完全將自己置身於生活之外，然後試圖用某種不

可言喻的魔法操控人生。

　　現代城市生活，尤其是理智主義，給了精神官能症無限的空間，透過想像中的彌賽亞主義（救世主義）來補償現實中的非社會性，其結果是一個充斥著沉默救世主的民族的最終解體。

　　而我們所需要的必然與此不同。這不是說要求個人捨棄彌賽亞主義，因為實際上，整個種族的未來賦予我們的那份責任，確實需要我們獨自承擔。只是人們需要對他所擁有的拯救世界的力量有一個合理的認知，站在自己的角度正確地看待事物。他必須能夠把自己當下的個人關係和職業看得無比重要，因為事實上確實如此，它們是個體所擁有的唯一具有世界性意義的東西。若它們一片混亂或錯漏百出，那一定是因為我們在日常生活中沒能以全面性的觀點看待它們。毫無疑問，我們有時會視其為珍寶，但這通常只是從個人角度出發。

　　無論在實踐上還是理想上，現代人的興趣範圍變得越來越狹窄已成了一種傾向，這個問題也是最難以克服的，因為它會透過統覺基模而被一再強化。因此，只有在很少的情況下人們才能做到，這需要完全不同的其他思想的共同參與。決心將當下的週遭環境與日常活動看成生活的最高意義，會立即造成個人與其內在抗拒感的衝突，這種衝突也常常會

在遇到外在的困難時產生，個人往往無法立刻明白，而他人也難以正確地評估，除非他們正在做同樣的嘗試。因此，個體心理學的實踐要求它的學生們相互審視，每個人都要接受來自他人的全面評價。這種做法打擊了虛假的個人主義根源（這也是所有精神官能症的溫床），因而自然很難被接納。然而它的成功，會決定精神分析的未來走向，使其得以走出診所和諮詢室，從而對生活產生更廣泛的影響。

在維也納，類似的團體已經在教育領域中做出了相關的嘗試。師生協同、生生互助的合作關係得以建立，這種合作使兒童犯罪、反應遲緩、散漫懶惰等問題得到了極大的改善。研究發現，廢除競爭而採取激勵的培養方式，能使學生和教師的精力同時得到解放。這些改變已然把影響擴展到了更外圈的家庭生活，孩子的心理關懷很快就得到了家長的重視。教育雖然首當其衝，但它不應是唯一能引入這些組織活動的生活領域。經歷了最深刻的現代社會僵局，商界和政界同樣需要重新了解其早已忘卻的人類本性，為自身重注活力。

為了使這項工作向日常生活釋放新的能量，也為了它自身的改革，阿德勒創立了國際個體心理學學會。如果沒有意識到這項工作所帶來的結果以及其產生的科學背景，那麼由它傳播的人類文化可能會被誤解為一種陳腐的說教。阿德勒

切實掌握了個體問題的社會本質，他所展示的健康和諧行為的統一，與中國偉大的思想家們如出一轍。如果在不遠的將來，阿德勒的貢獻能為西方世界所用，那他很可能會被人們稱作「西方的孔子」。

菲利普・梅雷特

第一章
生活的科學

　　偉大的哲學家威廉・詹姆斯曾說，只有當科學與生命直接相關，才能稱為真正的科學。或者說，在一門直接與生命發生關聯的科學中，理論與實踐幾乎無法完全分割。關於生命的科學，正是由於它直接展現了生命的運動，因而也成了一門生活的科學。這些想法尤其適用於個體心理學。個體心理學試圖將個人生活理解為一個整體，把所有單一的反應、每個動作和每次衝動都看成個體在對待生活時的明確態度之一。從現實意義上看，存在這樣的科學極其必要，因為藉助它的知識，我們就可以糾正或改變自己的態度。個體心理學可算是雙重意義上的預言家，它不僅能預測未來將發生何事，還能透過預測將不該發生的事情扼殺於萌芽。

　　個體心理學發源於人們對生命中蘊含的神祕創造力的探求，這種力量表現為成長、奮鬥以及對成功的渴望；同樣，人們努力在某個方面力爭上游以補償另一方面的缺陷，也是個體心理學得以發展的重要原因。這種力量是目標導向的 —— 它在追求目標的打拚中得以表達，在這奮鬥的過程中，每一個來自身體和精神的動作都是為了合作。因此，脫離整體而抽象地去研究一個人的身體動作和精神狀態是極為荒謬的。例如，在犯罪心理學中，如果要求我們更多關注罪行而不是罪犯，那便是不可理喻。犯下罪行的人才是一切的根源，而不是罪行本身。無論我們對犯罪行為研究得多麼透

澈，如果不能把它看作某一特定個體在其人生長河中的一個具體事件，那麼我們可能永遠無法真正理解這一罪行。同樣的外在表現也許在某一案例中構成犯罪，而在另一事件中則並不構成。重要的是理解個體所處的情境，理解他的個人生活目標，這些才是他一切行為和舉動的指向。我們把人類的各種具體行為看作整體的一部分，對整體目標的認知能讓我們更容易理解行為背後的隱藏含義。反之，當我們研究這些部分時（前提是把它們作為整體的一部分來研究），我們也將會對整體有更全面的掌握。

就筆者自身而言，對心理學的興趣是在對醫學的不斷實踐中逐漸形成的。醫學實踐提供了目的論（或者說目標導向）的觀點，這對於理解心理事件是必不可少的。在醫學裡，我們知道所有的器官發育都指向明確的目標，它們的成熟形態都是相對固定的。

此外，我們會發現，在出現生理缺陷的情況下，機體自身會做出特別的努力來力圖克服，又或者，透過發展另一個器官來取代受損部分的功能，以此作為補償。生命總是在追求延續，生命力的頑強在於面對來自外界的障礙時，它永遠不會尚未抗爭就選擇屈服。

再來看精神方面的活動，它與有機生命的運動有著許多類似之處。在每個人的思想中，都有那麼一個想要超越現狀

的目標或理念，透過為未來設定一個具體的目標來克服眼前的不足和難題。有了這個具體的目標，個體便會感到自己凌駕於現有的困難之上，因為他已經在自己的頭腦中看到了未來的成功。而一旦失去了這種目標感，人類自身的活動將變得索然無味。

所有證據顯示，目標的設定一定發生在人生的早期階段，在兒童的成長期，這個目標會逐漸成形。在這段時期內，一種成熟人格的原型或模式開始發展起來，我們完全可以想像這一過程的發生。一個孩子，軟弱而自卑，他發現自己正處於一種難以承受的境地，於是他拚命成長，努力沿著由自己選擇的目標所確定的人生方向不斷前進。在這個階段，相對於決定人生方向的目標而言，成長所需的物質反而顯得沒那麼重要。我們很難說這個目標究竟是如何形成的，但很明顯的是，它確實存在，並且支配著兒童的每個行動。在這一早期階段，人們對權力、衝動、能力或缺陷知之甚少。這時的一切還尚未有明確的答案，因為只有當兒童設定好他的目標之後，他才能確定自己的方向。而只有當我們看得到人生所趨之方向時，才可能預測下一步該邁向何處。

當原型（即蘊含目標的早期人格）形成時，規劃人生方向的路線也已建成，個體的行動從此有了明晰的指向。正因如此，我們才有能力預測未來人生。從那時起，個體的感知注

定會落入這條路線所設定的軌跡。兒童對這種既定情境的感知並非由於其本身的存在，而是遵循了個人的統覺基模。也就是說，是兒童的興趣偏好使他得以察覺到這種情況。

在研究中我們發現了這樣一種有趣的連繫，那就是有著機體缺陷的兒童會把所有的生活經驗與器官功能的缺陷相關聯。舉例來說，有腸胃問題的孩子會表現出在飲食方面的異常興趣，而有視力缺陷的孩子則更專注於可見的事物。這種關注與我們所說的個人統覺基模相一致，它刻劃了所有人的特徵。於是，也許有人會這樣建議，如果我們想知道兒童的興趣所在，那我們只需確定他的哪個器官出現了缺陷。但現實才不會那麼簡單，兒童對自身器官缺陷的感知並不完全如旁觀者所看到的事實那般，他們的實際感知已經超過了自身統覺基模的修改。因此，雖然生理缺陷是兒童統覺基模中的重要元素，但從外部觀察到的缺陷並不一定能讓我們推測出一個人真正的統覺基模。

兒童總是深陷於相對論的詭計之中，其實就和我們其他所有人一樣，誰都無法掌握絕對的真理。常識告訴我們，真理永遠在變，只是我們慢慢地在用越來越小的錯誤取代了原先那些更離譜的錯誤。我們都會犯錯，但重要的是我們可以改正。在原型的形成期，這樣的改正更容易實現，而如果我們錯過了那個特定時期，我們可以在以後的階段透過完整地

回顧當時的情況來進行修正。因此，如若我們現在需要治療一位精神官能症患者，我們不應在他成年後所犯的普通錯誤中尋找問題，而是要回到他的原型建構時期，找到他在早期經歷中出現的根源性錯誤。如果我們找到了那些問題，我們就有可能透過適當的治療加以糾正。

站在個體心理學的聚光燈下，遺傳的問題變得不那麼刺眼了。重要的不是一個人繼承了什麼，而是遺傳因素對其早期生活產生的影響，即個體在兒童時代所塑造的原型。遺傳自然是先天性機體缺陷的成因，但在這裡，我們只是單純地想把孩子帶出這種特殊困境，將他們置身於更有利的條件之下。事實上，這種情況甚至蘊藏了很大優勢，因為當我們看到了缺陷，我們才會知道如何採取適當的行動。而那些沒有任何遺傳缺陷的健康兒童，卻可能因為營養不良或成長過程中的許多其他問題而面臨更糟糕的境地。

先天機體不健全的兒童會表現出明顯而強烈的自卑感，這會將他們置於更為艱難的處境，而調整心理狀態是最為要緊的。在原型形成之始，他們對自身的關注已經超過了對他人的興趣，而這種情況會一直延續到他們往後的人生中。機體缺陷並不是造成個體原型偏差的唯一成因，其他情況同樣可能導致這樣的結果，比如對一個孩子過於寵愛或表現出特別的厭惡。稍後我們將有機會對這些情況做更詳盡的描述，

並透過真實的案例對童年時期經歷的生理缺陷、被嬌慣和被厭惡這三種最不利的情況進行闡釋。而當下需要我們注意的是，這些帶著殘疾長大的孩子，他們時刻害怕遭受攻擊，因為他們從未能在自己的成長環境中學會獨立。

我們必須從一開始就對社會興趣有所理解，因為它在我們的教育和治療中扮演了最重要的角色。只有那些充滿勇氣、從容自信的人才能坦然面對生活的順境和逆境，並從中有所收穫。他們從不害怕，他們知道生活的困難比比皆是，但他們也知道自己有能力去克服。他們做好了準備去面對一切問題，而這些問題總是社會性的。作為人類，我們有必要為社會行為做好準備。前文中提及的三種類型的兒童，他們形成的個體原型都表現出了較低水準的社會興趣。他們缺乏相應的精神態度來為生活中重要事件的達成或困難的解決提供幫助。當感受到挫折時，這類原型會對生活中的問題產生錯誤的態度，進而使個性的發展朝向沒有意義的方向。此外，在治療這些病人時，我們的任務在於幫助他們形成有益的社會行為，建立起有意義的生活態度和社會態度。

缺乏社會興趣往往等同於走向無意義的生活。那些問題兒童、罪犯、瘋子還有醉漢，他們幾乎都缺乏社會興趣。在這些案例中，需要我們關注的問題在於，找到一些方法去影響他們，把他們帶回到有意義的生活中，使他們對他人產生

興趣。從這種意義上看，我們所謂的個體心理學實際上也是一種社會心理學。

在社會興趣之後，我們的下一個任務是找到個體發展中面臨的困境。乍一看，這個任務似乎更令人困惑，但實際上卻沒那麼複雜。我們知道，每個被寵壞的孩子最後都會被討厭。我們的文明就是這樣，無論是社會還是家庭，都不歡迎無限期的縱容。嬌生慣養的孩子很快就會遇到生活的困擾。上學後，他會發現自己來到了一個全新的社會機構，到處都是新的問題。他不想和同伴們一起學習玩耍，因為他的生活經驗還沒有為他適應學校的集體生活做好準備。實際上，是原型形成階段的經歷讓他害怕這種新的環境，他還想繼續被呵護。現在我們可以看到，這樣的個人特徵並不是來自遺傳，甚至可以說與遺傳毫不沾邊，因為透過對其原型和生活目標的了解，我們就可以做出推斷。由於一個人的性格特徵總是為個人目標的實現而服務，因此他也不太可能形成會致使其偏離該總體目標的個性。

理解生活的下一步是對情感的研究。生活目標所設定的座標軸，不僅影響著個體的性格特徵、軀體行為、表達方式以及其他的外在表現，它也支配著一個人的情感生活。很明顯，人們總是試圖用情感來說明其態度。如果一個人想做好一件事，他的這個想法就會被放大，並支配其所有的情緒。

我們可以得出這樣的結論，一個人的情感總是表現出與其觀點的一致性，它們強化了個體在活動中的投入。情感不一定是我們行動的發起者，但它總是伴隨我們左右。

透過夢，我們可以很清晰地看到這一事實，發現一個人做夢的目的也許是個體心理學最新的成就之一。每個夢當然都指向一定的目的，儘管直到現在，我們還未對此有過清晰的認知。通常形式的夢（我們暫且不討論特殊形式的夢），其目的是創造一種特定的情感或情緒，並使這種情緒反作用於夢，從而使夢得以持續。有一種古老的說法十分有趣，它說，夢就是一場騙局。我們按照自己的行為方式做夢，為了清醒時的計畫或想法而進行情緒的預演。夢是一場彩排，卻永遠不會在現實中上演，從這個意義上看，夢的確是一場騙局，情緒的想像讓我們無須付諸行動就能獲得相應的體驗。

這種夢的特徵同樣存在於現實生活。我們總是傾向在情緒上欺騙自己，說服自己按照四五歲時形成的原型向著既定的方向前進。

分析原型就是我們的下一項研究計畫。正如我們所說，四五歲時，個體的原型就已經建立，因此我們需要找到當時或在此之前人們對這個孩子的印象。這些印象往往變化多端，其多樣性可能遠遠超過一個成年人的正常想像。由於父母的過度懲罰或虐待而產生的壓力，是影響兒童心理發展的

最常見的因素之一。這種影響讓兒童拚命尋求解脫，有時會表現為一種心理上的排斥態度。我們看到有些女孩的父親脾氣暴躁，她們便會形成一種排斥男性的原型，因為從她的角度看到的男性都是焦躁易怒的。同樣，男孩也會因為嚴苛的母親而排斥女性。當然，這種排斥態度可能有各種表現形式，比如，害羞或性變態都可能是一個男孩排斥女性的表現。這種扭曲並不來自遺傳，而是由兒童的生活環境逐漸塑造而成。

兒童在早期出現原型錯誤要付出高昂的代價，儘管如此，他們能夠接受的指導仍然很少。家長們對自己的成長經歷所導致的結果或是知之不詳，或是不願坦誠相告，因而孩子們只能遵循自己的人生軌跡。

令人好奇的是，我們發現沒有哪兩個孩子成長在完全相同的情境之下，即使他們出生在同一個家庭，圍繞在每個孩子身邊的家庭氛圍也是大相逕庭的。眾所周知，家裡的第一個孩子與其他孩子的成長環境有著很大的不同。在最初，老大是家庭中唯一的孩子，因而也是全家關注的中心。一旦第二個孩子出世了，他便發現自己好像被「廢黜」了一樣，他不喜歡這種情形的改變。這種擁有之後的失去，使他經歷了人生中的一次悲劇。這場悲劇凝結成了他原型的一部分，並在成年之後的個性特徵中顯現。真實病例告訴我們，這樣的孩

子總是屢屢遭受挫敗。

家庭內部的另一種環境差異表現在男孩與女孩所受到的差別待遇。有的家庭常常高估男孩的能力，而認為女孩一無所成。這些女孩在成長過程中總是顧慮重重，她們的一生會充滿遲疑，她們會始終抱有這樣的印象，即只有男性才有能力真正取得成功。

老二的地位也具有其獨特的個性和特徵。他與第一個孩子處在完全不同的位置，在他看來，總有那麼一個領跑者跑在自己的身邊。通常老二都會戰勝他的領跑者，如果尋找原因，我們就會發現，大的孩子會為有這樣一個競爭者而煩惱，而這種煩惱最終會影響他在家庭中的地位。老大被這種競賽嚇壞了，他總表現得不盡人意，久而久之，父母對他的評價越來越低，他開始羨慕起老二。對老二來說，老大的標竿作用讓他感到自己總處在比賽中，他的所有性格特徵都反映了他在家族中的特殊位置，比如他會表現出叛逆和對權威的反抗。

歷史和傳聞都為我們描述了不少強大的老么的故事。約瑟就是這樣一個例子，他想要戰勝自己所有的兄長。當然，如果一個人在離家數年後才有了一個弟弟，而他自己全然不知情，那他的原本狀況並不會因此而產生變化，他依舊是那個「最小的孩子」。我們在童話故事中也能看到類似的描繪，

最小的孩子往往發揮著最重要的作用。我們可以從兒童早期的生活中覓得他們性格特徵孵化的泉源，在個體獲得更高的悟性之前，這些特徵都不會改變。為了使兒童重新適應，你必須讓他了解自己的童年曾發生過什麼。他得明白，是童年的原型對他生活的一切產生了錯誤的影響。

　　理解原型時，有一種工具頗具價值，它也是人的本性，那就是個體的早期記憶。所有的知識和觀察都迫使我們得出這樣的結論：我們的記憶從屬於原型。用一個例子來說明會讓我們的觀點更為清晰。想像一下第一種類型的兒童，他們表現出了機體不健全，比如腸胃虛弱。如果他對兒時的所見所聞還有所記憶，那這些記憶多半會與食物相關。又或者以左撇子兒童為例，他的左撇子行為也可能會對其觀點的形成產生影響。一個人可能會告訴你他的母親曾怎樣縱容他，或向你傾訴弟弟、妹妹出生時的狀況；如果他有一個暴躁的父親，他會告訴你小時候捱過的打；如果他在學校被討厭，他就會訴說曾經遭受的攻擊。只要我們讀懂了其中的重要資訊，所有這些蛛絲馬跡都會變得價值斐然。

　　理解早期記憶是一門藝術，它包含了一種十分強大的共情力 ── 一種從孩子的童年生活中找到自己的能力。只有透過這種共情的力量，我們才能理解弟弟、妹妹的出生在兒童最隱祕的內心深處意味著什麼，才能理解暴躁父親的虐打給

孩子留下怎樣的心理陰影。

　　在這個問題中，無論怎麼強調懲罰、訓斥、說教的徒勞都不為過。當孩子和家長都不明確要在哪一點做出改變時，任何手段都不會達到效果，兒童的不明所以更會讓他變得狡獪而懦弱。然而，單純的生活經歷並不會改變他的原型，因為他經歷的一切早已經被個人的統覺基模規定好了。我們只有深入到基礎人格才能有所改變。

　　如果有個孩子發育不良，我們去觀察他的家庭就會發現，儘管他看起來很聰明（能對問題給出正確的答案），但當我們進一步探尋問題癥結和家庭成員的表現時，他可能會產生強烈的自卑感。兒童有一種完全屬於個人的精神狀態，也可以稱之為私人的精神狀態，從精神官能症患者中我們可以找到類似的特質。例如一個強迫症患者，他明知不停地數窗戶是毫無意義的事，但他就是停不下來。對有意義的事物感興趣的人不會有這種表現。精神的失常也常常表現在理解和語言上，瘋子往往不講常識，因為常識代表了社會興趣的高度。

　　如果把基於常識的判斷和私人判斷放在一起比較，我們會發現，用常識評判往往更正確。常識教我們區分好壞，複雜環境常常使我們犯錯，而經由常識判斷的每次行動則讓我們逐漸修正自己的錯誤。那些一味追尋一己私利的人，往往

無法像其他人那樣輕易地分清是非對錯。（事實上，由於他們的一舉一動對旁觀者而言都是如此顯而易見，他們寧願出賣自己的無能。）

　　且來思考一下犯罪這個例子。如果我們調查犯罪者的智力、理解力以及他的犯罪動機，就會發現，他往往把自己的罪行看得智勇雙全。他相信自己已然獲得了一種超越 —— 他變得比警察更聰明，他有能力戰勝其他人了。於是在他的心目中，自己成了英雄，他並沒有看到自己的行為其實與所謂的英勇相去甚遠。他缺乏社會興趣，這將他的行動導向了沒有意義的生活，社會興趣的匱乏與勇氣缺失、膽小怯懦息息相關，而他還不知道這一點。被無用的事物吸引的人常常害怕黑暗和孤獨，他們渴望同伴。這就是懦弱，並且應當被貼上標籤。其實，阻止犯罪最好的方法就是讓所有人相信，犯罪只不過是懦弱的表現。

　　我們知道，很多時候，當年輕的罪犯到了差不多三十歲的年紀，他們就會去找一份工作，組建家庭，從此遵紀守法地過完接下來的人生。這其中發生了什麼？想想那些竊賊吧，三十歲的小偷要怎樣與二十歲的小偷競爭？後者頭腦靈活又精力充沛。更重要的是，到了三十歲，他們被生活推上了有別於過往的道路，犯罪這份「職業」已不能滿足他們的需求，最簡單的辦法就是從此「退休」。

另外一件與罪犯相關的事也需要我們牢記，那就是如果我們只是加大懲罰力度，而其程度還遠不能使一個罪犯感到害怕，那麼這種懲罰只會讓他更堅信自己是一個英雄。我們不能忘了，犯罪者生活在一個以自我為中心的世界裡，一個人永遠無法在這樣的世界中找到真正的勇氣、自信、集體意識或對共同價值觀的理解。這些人不可能融入社會，幾乎沒有精神官能症患者會成立俱樂部，這對患有場所恐懼症或精神錯亂的人而言相當於一項不可能完成的壯舉。問題兒童或輕生者從不交朋友，這難以解釋，卻是事實。而現在，我們可以給出一個原因：他們甘願孑然一身，是因為其早期生活已經為他們選擇了一條以自我為中心的道路。原型將他們指向了一個錯誤的目標，使他們朝著錯誤的方向走向了沒有意義的人生。

　　現在讓我們思考一下個體心理學能為精神官能症患者提供的教育和培訓專案，以幫助這些精神官能症兒童、罪犯、醉漢以及試圖透過種種方式逃離生活的意義的人們。

　　為了更加簡便快速地了解問題所在，我們先來了解一下問題從何時產生。通常人們會將責任歸咎於某些新的環境。但這是一種誤會，因為直到改變切實地發生，我們的病人（在調查中我們會發現病情）才發現自己並沒有為這種新情況做好準備。只要他還處於有利的情境之中，原型的錯誤就不

會那麼明顯，而每一次情境變化的本質，實則是他根據由原型創造的統覺基模對新環境做出的反應。他給出的回饋不僅是單純的行為上的反應，而且也是創造性的，是與支配其整個人生的目標相一致的。早前，個體心理學的研究經驗告訴我們，我們可以拋開遺傳的重要性，也可以不必過於看重孤立於整體之外的部分的作用。原型根據自己的統覺基模來回應經驗，因此如果我們想取得一些研究成果，統覺基模才是我們需要關注的重點。

這項研究總結了個體心理學的發展所取得的成果。正如人們所見，個體心理學已經沿著一個全新的方向走出了很遠。如今心理學和精神病學有著許多流派，一個心理學家選擇一個方向，另一個選擇另一個方向，誰都認為只有自己腳下的才是那條正確的道路。也許，讀者們也不應依賴信念和信仰。讓他們自行比較吧，他們會看到，我們之所以不同意策動心理學（以麥獨孤為代表），是因為他們所謂的「內驅力」把太多的空間留給了遺傳傾向；同理，我們也不認同行為主義學派的「條件」與「反射」。除非我們能夠理解「內驅力」或「反射」這類動作所指向的目標，否則，他們對建構一個個體的命運和性格而言毫無意義。這些心理學流派都缺乏從個體角度出發的思考。

確實，當我們提到「目標」一詞時，讀者可能會感到模

糊。具體來說，這個目標歸根結柢就是立志成為上帝一般的存在。變得像神一樣自然是一種終極目標，目標中的目標（如果允許我這樣表達）。教育者在試圖將自己或他們的孩子教導得像神一般時，應當十分謹慎。事實上，我們發現孩子在其成長的過程中會找到一個更為具體而直接的目標。孩子們總是尋找身邊最強大的人，從而把他們當作榜樣或目標。這個人可能是父親，也可能是母親，因為我們發現，即便是一個男孩，如果在他的眼中母親就是無與倫比的存在，他就會進行模仿。後來，他們又可能會想成為馬車伕，因為他們相信馬車伕是世界上最強壯的。

當孩子第一次抱有這樣一個目標時，他們的行為、情感、打扮都開始模仿馬車伕，其性格特徵也被調動指向了這個目標。但這時，只要警察動一動小指頭，馬車伕就被拋至了九霄雲外。再後來，成為老師成了孩子們的理想，因為老師有懲罰的權力，這會喚起他們作為一個強者的尊嚴。

兒童選擇的目標具有明確的象徵，我們發現他們的目標就是其社會興趣的縮影。問一個男孩長大後想做什麼時，如果他這樣回答：「我想做一個『劊子手』。」這就表示他缺乏社會興趣。這個孩子想成為生與死的主宰——這是上帝才擁有的能力。他期望自己比這個社會更強大，於是他開始走向沒有切實意義的人生。而在希望像上帝那樣掌控生死的人之

中，也有許多人以成為醫生為目標，與前者不同的是，這一
目標可以經由社會服務來達成。

第二章
自卑情結

　　在個體心理學中，把「意識」與「無意識」作為表達不同要素的術語是不正確的。人們通常以為意識與無意識是一對矛盾的概念，但其實它們的發展是沿著同一個方向的，而且兩者之間並沒有明確的界限，問題只在於要找出使它們互相關聯的目的。在弄清事物間的整體關係前，我們不可能決斷意識與無意識之分。這種連繫隱蔽於原型之中，第一章已經對這種生命形態進行了分析。

　　有這樣一個病例可以用來說明意識與無意識之間的連繫。一個男人，四十歲，已婚，患有焦慮症。他總想從窗戶跳下去，並一直在同這種慾望做抗爭，但除此之外一切都很正常。他有朋友，有一份體面的工作，與妻子過著幸福的生活。這是一個令人費解的個案，我們只能用意識與無意識的協同作用去考慮。意識讓他覺得自己必須跳出窗外，儘管如此，他仍然活了下來，實際上，他甚至從未嘗試過往窗外跳。這是因為他的生活還存在另一個方面，在那裡，與自殺慾望所做的抗爭發揮了重要的作用。由於無意識與意識的協同作用，他取得了勝利。事實上在他的「生活風格」（這一術語會在後續的章節中做更詳細的解釋）中，他是一個達到其優越目標的征服者。讀者也許會問，這樣一個在意識中存在著自殺傾向的人，怎麼會感到優越呢？答案是，有某種東西正在他的身體裡與他的自殺傾向做抗爭。他在這場戰役中的

勝利使他成為征服者，成為超越他人的存在。客觀地說，他為優越感而做的抗爭取決於其自身的軟弱，這種情況經常發生在因這樣那樣的問題而感到自卑的人身上。但重要的是，在這場自我抗爭中，他對優越的追求超過了自卑，對生存和勝利的渴望超越了求死的慾望，雖然兩種截然不同的傾向分別在其意識生活和無意識生活中進行了表達，但這仍不影響最後的結局。

讓我們驗證一下此人的原型發展是否與我們的理論相符。先來分析一下他的童年記憶。據悉，他早年在學校曾有過一些麻煩。他不太喜歡其他孩子，並總想避開他們，儘管如此，他還是竭盡全力地留下來去面對他們。換句話說，我們已經能夠感受到他為克服弱點而付出的努力。遇到問題，他選擇面對它，戰勝它。

如果去分析這位患者的性格，我們會發現他的生活有一個目標，那就是克服恐懼和焦慮。為了這一目標，他的意識和無意識相互合作，形成了一個統一的整體。如果一個人不能用整體的思維去看待人類個體，他就無法相信這個患者所展現的優越和成功。他也許只能認同這個患者勇於奮鬥和打拚的雄心壯志，但歸根究柢他仍舊是個懦夫。這樣的觀點讓人們無法就本案例的所有事實進行全面的思考，也無法按照人性的內在統一理念去做出解釋。如果我們不相信人是一個

整體，那麼我們的全部心理學理論，我們對個體的全部理解或為之所做的努力，都將是徒勞。如果我們事先預設雙方之間不存在相互的關聯，我們也就不可能把生命看作一個完整的實體。

除了把個體本身視作一個統一的整體，我們還必須把與之相關的社會關係一同納入考慮的範疇。由此我們發現，孩子剛出生時的柔弱使他人的照顧成為必要，那麼現在如果不參考那些為他彌補了能力劣勢的照料者的情況，我們便根本無法理解這個孩子的生活風格或模式。孩子與母親、與家庭之間繫著難以解開的紐帶，倘若我們把研究局限於孩子的生理軀體範圍，我們將永遠無法理解這其中的關聯。對兒童個體的研究是超越其本身的，它牽涉到整個的社會關係背景。

適用於兒童的理念往往在某種程度上也適用於所有人類。兒童的弱小使其必須依靠家庭群體而生活，同樣地，人類的弱小也使人們不得不生活在社會之中。所有人都會在某些情況下感到力不從心，生活的困境使他們應接不暇，他們無法單槍匹馬地應對接踵而來的問題。因此，人類最強烈的傾向之一就是組成群體，毫無疑問，成為社會生活的一分子將會為其克服無力感和自卑感給予重要的幫助。我們知道動物的世界就是這樣，弱小的物種總傾向於過群體生活，透過集體的力量來幫助應對個體的需求。成群結隊的野牛能夠抵

禦狼群，而一頭野牛是無論如何都做不到的，只有身處群體之中，他們才能形成頭靠頭的保護姿態，並以踢腳的方式抵禦外敵直至獲救。猩猩、獅子、老虎能夠離群索居，因為大自然已經賦予了他們自我保護的能力。而人類與之相比，既沒有強大的力量也沒有銳利的爪牙，根本無法單獨生活。由此我們發現，人類社會生活的開端就在於其作為個體的弱小與無助。

正因如此，我們不能期待人類社會中的每個個體擁有平等的能力和天賦。但是，一個正常的社會在為其成員的個人能力發展提供支持上是不會落於人後的。這是需要我們掌握的重點，不然我們可能會以為，對個體的評判完全依賴於他們的先天能力。事實上，在孤立的環境中表現出某些功能缺陷的人，一旦處於組織合理的社會環境中，他們的不足將得到彌補。

讓我們假設個體的缺陷都來自遺傳，於是心理學的目的就在於訓練人們學會與他人友好相處，從而幫助人們減少先天缺憾帶來的影響。社會發展的歷史演變向我們訴說了人類是如何透過合作來征服缺陷與不足的。語言是一種社會性產物，這一點我們有目共睹，但很少有人意識到，個體的不足才是其產生的直接誘因。兒童的早期行為就足以說明這一點。當需求得不到滿足時，他們為了引起注意就會試圖用某

種語言來達到這一目的。但如果一個兒童沒有必要去引起他人的關注，他便不會去嘗試說話。嬰兒剛出生的前幾個月就是這種情況，母親總是在他開口要求之前就為他提供所需的一切。有案例記載，有些孩子直到六歲才開口說話，因為在這之前他們根本沒有說話的必要。還有一個特殊的案例也能幫助我們解釋這一真相。那是一對聾啞夫婦的孩子，當他摔倒弄疼自己時，他會哭泣，但他卻哭得斂聲屏氣。因為他知道父母聽不到聲響，於是他盡力做出哭的表情以吸引父母的注意，而這一切都在悄然無聲的過程中進行。

由此我們認為，在進行研究時，必須始終審視與研究對象相關的整個社會背景。我們必須透過觀察社會環境才能理解個體所選擇的那個與眾不同的「優越目標」。同樣地，我們也必須透過觀察社會情況，才能理解個體特有的適應不良。許多人會產生適應不良是因為他們感到無法透過語言與他人產生正常的連繫。關於這一點，口吃就是一個例證。如果對一個口吃患者進行一番研究，我們會發現他從小開始就沒能很好地適應社會。他不想參與任何活動，也不想認識朋友。他的語言發展需要與別人產生交集，但他拒絕這麼做。於是，他的口吃還在繼續。口吃患者實際存在著兩種傾向，一種是與他人交往，另一種則是尋求孤立。

隨著年齡的增長，那些沒有社交生活的成年人往往難以

在公開場合講話，他們會感到怯場。這是因為他們把聽眾當成了敵人。當面對一眾看上去強勢而充滿敵意的聽眾時，他們感到了自卑。事實是，只有當一個人相信自己也相信他的聽眾時，他才能好好說話，只有在這時，他才能克服怯場。

因此，自卑感與缺乏社會訓練是密切相關的。正如自卑感源於對社會的不適應，社會訓練便是我們克服一切內心自卑的基本方法。

社會訓練與常識也存在著直接的連繫。當我們說到人們應用常識解決了困難時，我們想到的是社會群體所共有的智慧。而就像我們在第一章中指出的那樣，一個人如果只說自己聽得懂的話，只按照自己的理解來行事，那他一定會表現出一定程度的異常。精神錯亂、精神官能症患者、罪犯等都屬於這一類型，重要的事物（比如人、社會機構、社會規範等）對他們來說都毫無吸引力，然而正是這些令他們無動於衷的東西才是其獲得救贖之所在。

在處理這些案例時，我們的任務是引起他們對社會事務的興趣。神經質的人總是認為表達善意就能讓自己占理，可單單善意是不夠的，我們必須讓他們知道，社會真正需要的是他們的實際作為和付出。

雖然對自卑的感受和對優越的追求是普遍存在的，但若

因為這樣就判定人類社會的完全平等，那就大錯特錯了。自卑感與優越感是支配人類行為的基本條件，但除此之外，我們的體力、健康以及環境也會對此造成差異。因此，即使在相同的情況下，個體所犯的錯誤也大相逕庭。在研究兒童的過程中我們會發現，沒有一個絕對固定和正確的行為方式以供他們做出反應，他們總是以自己的方式給出回饋。他們盡力改善生活風格，但一切的努力都以自己的方式進行，各自犯錯，或各自接近自己的成功。

我們來分析一下個體的多變性和獨特性。以左撇子為例，有些孩子可能一輩子都不會知道自己是左撇子，因為他們早已接受了細緻的右手使用訓練。一開始使用右手時，他們笨手笨腳，表現得不太完美，這時他們會受到責備、批評和嘲笑。嘲笑是不對的，但雙手還得訓練。嬰兒還在搖籃裡時我們就能分辨他是否是左撇子，因為左撇子兒童的左手運動頻率要高於右手。在以後的生活中，他可能會因為右手的笨拙而感到負擔。但在另一方面，他會對右手、右臂產生更大的興趣，比如他會表現出對繪畫、寫作等方面的興趣。事實上，在日後的生活中，如果發現這樣的孩子比正常的孩子訓練得更好，我們完全不用感到驚訝，因為他必須讓自己感興趣，他得比別人付出更多的努力。於是，這些孩子的不完美反而使他接受了更細緻的訓練，這往往在培養藝術才能方

面具有很大的優勢。處於這種狀況的孩子們通常野性勃勃，願意為突破自己的局限而不懈努力。然而有時候，如果這種抗爭過於激烈，嫉妒感便可能產生，而由此造成的自卑感可能比正常情況更難以克服。長期的努力會造就一個奮鬥者，打拚的概念會在他的思想裡根深蒂固，他不能讓自己落於人後，而這樣的人總是比其他人感受到更多的壓力。

　　原型一般形成於兒童四五歲的時候，它決定了他們如何努力、如何犯錯、如何成長。每個人都有著各自不同的目標，有的孩子想成為畫家，而有的孩子可能只想離開那個讓他感到不適應的世界。也許我們知道他應當如何克服自己的缺點，但他自己卻不知道，事實上，往往也沒有人能用正確的方式告訴他。許多孩子都可能有視力、聽力、肺功能、消化系統等方面的不同程度的缺陷，而我們發現這些孩子的興趣往往會朝著彌補這些缺陷的方向發展。有這樣一個奇特的案例，一名男子總是在晚上下班回家後發作哮喘。這位患者四十五歲，已婚，有一份不錯的工作，當問及為何總是發病時，他回答說：「你瞧，我的妻子是那麼現實主義的一個人，而我又是理想主義的，我們總是不合拍。我每天回家，就想靜靜地一個人待會兒，但我的妻子總想出門參加社交活動，待在家裡她就會怨聲載道。於是我開始發脾氣，然後就會感到窒息。」

　　為什麼這個男人感受到的是窒息而不是嘔吐？其實他只是在忠於自己的原型。在童年的時候，他好像因為某些缺陷而不得不纏著繃帶，這種緊繃的纏繞感影響了他的呼吸，讓他覺得十分難受。而這時有一個很喜愛他的女僕總是陪在他身邊，照顧他。女僕把所有興趣都放在他一個人身上而絲毫不在意自己，這讓他覺得，好像永遠有人會來取悅他、寬慰他。他四歲那年，女僕要遠嫁他鄉，他傷心地哭著送她到了車站。女僕離開後，這個男孩對母親說：「阿姨走了，我再也不會對這個世界感興趣了。」

　　由此，我們彷彿在他的成人世界裡看到原型形成時期的他。他的理想中人總能安慰他，讓他快樂，並且只對他一人感興趣。問題不在於空氣是否稀薄，而在於他缺少一個能常常逗他開心，給他安慰的人。自然，要找到一個能一直讓他開心的人不是那麼容易的，於是他想要掌控整個局勢，這在某種程度上有助於他取得成功。當他開始感到窒息，妻子就不再想著出門去劇院或其他社交場合了，於是他便達成了其「優越目標」。

　　在這個男人的意識中，他總是表現得恰如其分，但在其內心深處，隱藏著成為一個征服者的慾望。他想讓妻子成為他口中的理想主義者而不是現實主義者，面對這樣一個人，我們應當進一步假設，尋找不同於他的表面的內在動機。

我們常常看到視力不良的孩子對視覺世界抱有更大的興趣，他們以這種方式培養了更敏銳的官能。來看看大詩人古斯塔夫·弗賴塔格，他患有嚴重的散光，卻成就豐碩。許多詩人和畫家好像都繞不開視力問題，而其實僅僅是看不清本身就能讓他們對視覺世界產生巨大的興趣。弗賴塔格在談到自己時這樣說：「因為我的眼睛與別人不同，似乎因此而不得不逼迫自己去調動和訓練我的想像力。我不知道這是否有助於我成為一名偉大的作家。但確實因為視力的原因，我幻想中的世界要比別人現實中的世界清晰得多。」

　　如果對天才的個人特質進行研究，我們會發現他們常常為視力不良或其他缺陷所擾。在歷史記載中，甚至神的身上也存在著各種缺陷，比如單眼或雙目失明等。有些天才雖然雙眼幾乎失明，但對線條、陰影、色彩等方面卻比其他人理解得更為深刻，這樣的事實足以顯示，假如我們能正確理解孩子們所承受的痛苦，我們是可以為他們做些什麼的。

　　有些人對吃的東西更感興趣，他們的話題經常圍繞著什麼能吃、什麼不能吃。這樣的人往往在小時候曾有過一段與吃相關的艱難時光，因此他們比其他人產生了更多的對吃的興趣。謹慎的母親也許常常叮囑他們，這些可以吃，那些不能吃。而這些人必須透過訓練來克服腸胃功能的缺陷，於是他們會對三餐要吃什麼表現出極大的興趣。長期以來對食物

的持續思考，也許會讓一個人在烹飪藝術上有所成就，又或者最終造就一名飲食問題的專家。然而，還有些時候，腸胃的虛弱也會致使人們為吃這一行為尋找替代。賺錢有時就會成為它的代替品，而有些人最後會因此成為或吝嗇，或偉大的銀行家——他們極度渴望囤積錢財，於是夜以繼日地為這一目標奮鬥；他們不停地規劃自己的事業，而這有時會讓他們在自己的生活圈子中比別人具有更大的優勢。這很有趣，我們真的常常會聽到有錢人關於腸胃不適的抱怨。

我們要時刻提醒自己，身體與心靈要時常保持著連繫。先天的不足並不總是導致同樣的結果，軀體的缺陷與不良生活風格之間並不存在必然的因果關係。因為身體的問題往往可以透過適當補充營養等方式給予良好的治療，從而使身體狀況得到部分改善。不良結果的締造者往往不是生理缺陷本身，而是患者自身的態度。這就是為什麼對於個體心理學家而言，單純的軀體缺陷或獨立的生理因果關係是不存在的，只有對待身體情況的錯誤態度才是我們要思考的問題。這也是個體心理學家試圖讓個體在原型形成過程中培養能夠與自卑感相抗衡的力量的原因。

有時，我們會看到一個人為了急於渡過難關而焦躁不安。無論何時，當我們看到一個人坐立難安、脾氣暴躁，又或者充滿熱情時，我們常常可以斷定，這是一個有著強烈

自卑感的人。一個對克服困難抱有信心的人是不會失去耐性的，如若不然，他則未必總能達成預想的結果。傲慢、無理、好鬥也是兒童自卑感的表現。在處理這些案例時，我們所要做的是找到這些困難的成因，從而對症下藥。面對原型中生活風格的錯誤，我們絕不能對其加以批判或懲罰。

我們可以透過一種十分獨特的方式來辨識兒童的這類原型特質，比如觀察他們的特殊興趣、他們對勝利的孜孜以求以及他們對優越目標的不懈追尋等。有這樣一種人，他們對自己的行為和表達沒有信心，因而更傾向於對別人敬而遠之。他們不喜歡面對新環境，而寧願待在自己能掌握的小圈子中。在學校裡、在生活中、在社會上、在婚姻裡都是這樣，他們總是希望在自己的一隅之地取得更多的成就，從而達到獲得優越感的目標。我們在很多人身上都看到了這一特質。但他們都忘了，一個人要取得成功，就必須做好應對所有狀況的準備，必須面對一切。如果一個人把某些狀況、某些人群排除在外，他就只能用自己擁有的這一份智慧來證明自己，而這是遠遠不夠的，我們需要人類的集體智慧，需要社會交往帶給我們的新鮮資訊。

一個哲學家想要完成自己的工作，就不能總流連於飯局，因為他需要更多的獨處時間讓思想沉澱，讓靈感昇華。但之後，他也必須透過與社會的交集來獲得成長，這種接觸

對他的發展至關重要。因此，如果我們遇到這種人，我們必須謹記他的這兩種需求。同時我們也要知道，他也許是個棟梁之才，也可能碌碌無為，因而我們要仔細辨別他的行為的不同含義。

縱觀社會發展演變，我們發現人們總是在努力尋找一種能讓自己遊刃有餘的環境。因此那些有著強烈自卑感的孩子會排斥強壯的孩子，而與那些能被其掌控和壓制的更弱小的夥伴玩耍。這種自卑感的表達是不正常且病態的，要知道，重要的不是自卑感的存在，而是其存在的程度和特徵。

我們把非正常的自卑感稱為「自卑情結」。但用情結這個詞來表示貫穿於整個人格的自卑感仍不確切，這已不僅僅是一種情結，而幾乎成為一種疾病。根據不同情況，自卑感對人造成傷害的嚴重性也有所不同。因而有時我們並不會察覺到一個人在工作中的自卑，因為他對自己的工作有信心；但是，當他對於自身的社會處境或與異性的關係產生不確定感的時候，我們就能發現他真實的心理狀態了。

在緊張或困難的情況下，我們更能注意到錯誤。在困難或新情況出現時，原型才會恰當地顯現，事實上，困難的情況往往就是新的情況。這就是為什麼我們曾在第一章中說，社會興趣總是在進入了新的社會環境後表現出來。

如果我們送一個孩子去上學，我們就可以觀察他在學校表現出的社會興趣，就如同在普通社會生活中那樣。我們可以看到他是與同伴相處融洽還是有些孤僻。如果我們看到一些孩子異常好動、狡猾或十分精明，我們必須深入他們的內心尋找原因。如果我們看到有些孩子的前進步伐總是猶豫而遲疑，或只在條件充分時才願意跨出那一步，那麼我們就必須留意他們今後的人生，因為很可能在以後面對社會、生活以及婚姻時，他們也會表現出同樣的特徵。

我們常常會聽到有人說「我會這樣做」、「我會接受那個工作」、「我會挑戰那個人……但我……」。所有這樣的表達方式都暗示了強烈的自卑感，事實上如果以這種方式加以解讀，我們就會有新的發現，比如察覺到一種懷疑的情緒。我們會發現，一個心存懷疑的人總是保持著這種不確定的狀態，最終一事無成。然而如果有人告訴你「我不會……」那他倒通常會言行一致。

如果一個心理學家仔細觀察，他就會發現，人們的內心總是充滿矛盾，這種矛盾可以被視為自卑感的表現。但如果一個人的行為造成了我們眼前的問題，我們也必須對此認真觀察。他的言行舉止、他的待人接物也許都很糟糕，我們需要觀察他在面對他人時，是否表現出了猶豫的態度和身體語言。這種猶豫也常常會在生活的其他情境中顯露，有些人總

是前進一寸又後退一尺，這是一種很強的自卑表現。

我們的全部任務就是訓練他們擺脫這種遲疑的態度，而鼓勵就是最恰當的治療 —— 永遠不要打擊他們。我們必須讓他們明白，他們有面對困難、解決生活問題的能力。這是幫助他們建立自信心的唯一方法，也是克服自卑感的唯一方法。

第三章
優越情結

在第二章中，我們討論了自卑情結及其與我們所共有，並與之抗爭的一般自卑感的關係。現在我們將轉向另一個與之相對的主題 —— 優越情結。

我們已經看到了個體生活中的每一種症狀是如何在行動的進程中表現出來的。因此，我們可以認為，這種症狀的兩端分別牽繫著過去和未來，連線著未來的是我們的打拚和目標，代表著過去的則是我們正在努力克服的自卑與不足。這就是為什麼我們對自卑情結的起因更感興趣，而對於優越情結，我們則更關心其行為本身的延續和進展。此外，這兩種情結在本質上是相互關聯的。如果我們在一個處理自卑情結的案例中看到了潛藏的優越情結，我們完全不必為此感到驚訝。同樣地，當我們研究一種優越情結及其發展時，我們也總能找到或多或少的自卑情結。

當然有一點需要記住，我們為自卑和優越附加「情結」一詞，只是為了表現兩種情感極端嚴重的情形。如果以這種方式看待事情，那麼自卑情結與優越情結同時存在於一個人身上就不再難以理解，由此產生的明顯悖論也將隨時消除。顯然，作為正常的情感，優越感和自卑感在本質上是互補的。如果我們沒有感到現有條件有所不足，我們也不會努力尋求成功。鑑於所謂的情結是由自然的情感發展而來，那麼情結之間的矛盾並不會比情感之間的矛盾來得更多。

個體對優越的追求從不曾停止，實際上，它構成了個體的思想和精神狀態。正如我們所說，生命就是成就某種目標或狀態，正是對優越的追求，才為生命帶來了動力。它就像一條小溪，攜走了旅途上的一切邂逅。如果我們觀察一個懶散的孩子，看到他懶得參加活動，看到他對任何事都提不起興趣，我們也許會認為他似乎沒有動力。但即使如此，我們依舊能發現他身上存在著對優越的渴望，這種渴望會讓他說：「如果我不是那麼懶惰，我就能當上總統。」可以說，他的行動和努力是有條件的。他對自己有著很高的評價，認為自己能在有意義的生活中取得很多成就。這些當然都是謊話，這一切只不過是虛構的幻想，但眾所周知，人類總是滿足於虛幻。尤其是那些缺乏勇氣的人，他們透過幻想獲得自我滿足。他們覺得自己不夠強大，因而總是繞道而行，以此躲避困難。臨陣脫逃讓他們避開了較量，於是他們產生一種錯覺，好像自己比實際情況更強大、更聰明。

小偷小摸的孩子往往也沉溺於一種優越感。他們相信自己騙到了所有人，沒人知道他們的偷竊行為，他們享受這種不勞而獲。類似的想法也常見於那些自認為是超級英雄的罪犯中。

對於這一表現，我們已經從另一個方面給予了解釋，我們認為這展現的是一種局限的個人智慧，而不是社會共同認

可的常識。如果一個殺人犯覺得自己是個英雄，那這完全是他的個人見解。他想掌控全部卻又缺乏勇氣，於是他選擇逃避問題。因此我們說犯罪是優越情結的結果，而不是原始罪惡的表現。

在精神官能症患者的身上，我們也能看到諸如此類的症狀。打個比方，有人被失眠所困，導致第二天總是沒有足夠的精神來完成必要的工作。因為失眠，他們對本應能完成的事情感到力不從心，於是他們哀嘆道：「如果能好好睡一覺，我有什麼做不到呢？！」那些受焦慮煎熬的憂鬱症患者也常常如此表現。他們依仗焦慮而成為獨裁者。事實上，焦慮成了他們操控別人的利器，因為他們看起來總是需要他人隨時隨地的陪伴，同伴們的生活方式也要被迫符合憂鬱症患者的需求。

一個人憂鬱或精神失常往往能讓他成為家庭的焦點。這些人讓我們看到了自卑情結帶來的力量。他們抱怨自己的虛弱和日漸消瘦，儘管如此，他們卻是人群中最強大的，他們支配著健康的人們。我們無須為這一事實而瞠目，因為在我們的文化中，弱小確實能成為強大的理由。（捫心自問，在我們的文化中哪種人最為強大？答案會是嬰兒。嬰兒常常操縱著一切而很少為人所驅使。）

我們再來研究一下優越情結和自卑情結的關係。以一個

有著優越情結的兒童為例，他粗魯、傲慢、咄咄逼人，我們發現他總是想表現得比真實的自己更偉大。我們都知道，愛發脾氣的孩子如何透過突然的發作來達到其控制他人的目的。為什麼他們如此不耐煩？因為他們不確定其擁有的力量是否足以實現自己的目標，他們因此感到自卑。我們總能在那些爭強好鬥的孩子身上發現自卑情結以及想要克服自卑的渴望。就好像他們試圖踮起腳尖來顯得更加高大，並透過這種簡單的方式收穫成功、尊嚴以及優越感。

治療這些孩子需要我們找對方法。他們如此表現是因為沒有看到生活的內在連繫，沒有看到事務的自然規律。我們不應因其逃避而斥責他們，因為如果我們與他們當面對質這些問題，他們一定會堅稱自己並沒有感受到這種自卑或優越。因此，我們必須以一種友好的方式向他們解釋，使他們逐漸地理解我們的觀點。

如果一個人總愛炫耀，那只是由於他感到自卑，因為他覺得自己不夠強大，無法在有意義的生活中與他人一較高下，這就是為什麼他總是站在沒有意義的那一邊。他無法融入社會，缺乏社會適應能力，不知道如何解決生活中那些與社會事務相關的問題。所以我們會看到，他的童年總是處在與父母、老師的抗爭之中。在這種情況下，我們必須了解相關的情況，同時也要使孩子能夠理解他的處境。

在精神官能症的病例中，我們也能看到這種自卑情結與優越情結的結合。精神官能症患者經常表現出優越情結，卻很難看到自己的自卑情結。一位強迫症患者的病史將對我們理解這一點有所啟發。這是一個小女孩，她有一個充滿魅力且頗受人尊敬的姐姐，她們的關係十分密切。這樣的事實在一開始就應當受到重視，因為如果家庭中有一個成員比其他人更出色，後者就會感到苦惱。無論被偏愛的那個是父親還是母親，又或者是某一個孩子，結果都一樣。家庭其他成員不得不面對由此帶來的艱難處境，他們有時會覺得難以忍受。

現在我們會發現，這些「其他孩子」都存在自卑情結，並正在朝向優越情結努力。只要他們在對自己感興趣的同時也關注其他人，他們生活中的問題終將得到滿意的解決。但如若他們的自卑情結過於顯著，他們就會感到自己生活在一個敵對的國度，因為他們總是關注自我勝過關注他人。這樣一來，他們的集體意識就會非常薄弱，處理社會問題時，他們會感到無從下手。於是他們開始尋求解脫，但似乎解脫並不是為了解決問題，而只是為了得到其他人的支持。他們像乞丐一樣，依靠著他人而生，他們病態地發揮自己的弱點，以此換取內心的安逸和自在。

這似乎是一種人性的特點，當一個人對自我感到無力

時，他便不再對社會事務感興趣，而是努力去成就自己的優越感，這一點無論是兒童還是成人都是如此。他們想在不摻雜任何社會興趣的前提下，透過實現個人的超越來解決生活問題。一個人努力追尋優越無可厚非，只要能經由社會興趣好好打磨，他就站在了有價值的生活中，就可以成就美好。但如果他缺乏社會興趣，他便沒有為解決生活中的問題而做好真正的準備。正如我們已經說過的，問題兒童、精神失常者、罪犯、輕生者等，都應歸入這一類別。

現在我們要討論的這個女孩，她在成長中總是得不到偏愛，為此她自覺受到束縛。如果她具有社會興趣，並能以大眾的方式去理解問題，她本可以沿著另一種路線發展。她原本想學習成為一名音樂家，但那個被偏愛的姐姐總是在她的思緒裡遊蕩，由此產生的自卑情結使其總是處在高度的緊張狀態之中而無法自拔。在她二十歲時，姐姐結婚了，為了競爭，她也開始追求婚姻。就這樣，她越陷越深，越來越偏離健康積極的人生。她開始產生一種想法，認為自己是一個很壞的女孩，認為她擁有一種魔力，能把另一個人送進地獄。

我們把這種魔力看作一種優越情結，但她卻在抱怨這種力量，就像我們有時會聽到富人抱怨自己命中有財是多麼糟糕一樣。她不僅覺得自己擁有神的力量，能夠把人送進地獄，她還時常覺得她有責任拯救這些人。這兩種說法自然荒

謬至極，但透過這種系統的幻想，她更確信了自己擁有這樣一種比姐姐更強大的能力。她只能在這樣的遊戲中戰勝姐姐，因此她不斷抱怨這種能力，因為越是抱怨，她就越確信自己擁有這種能力。如果她曾對此一笑置之，那她所宣稱的力量就可能被她質疑。只有透過抱怨，她才能對自己的命運感到滿意。這裡我們可以看到，優越情結有時會隱匿，它無法被明顯地辨識，但實際上它卻作為自卑情結的補償形式存在著。

接下來我們開始討論這位姐姐。因為在一段時間內，她是家裡唯一的孩子，她嬌生慣養，備受關注。三年後，妹妹的到來完全改變了姐姐的處境。過去她只有一個人，她是聚光燈下的焦點，而如今她突然被趕出了這個位置。於是她變得爭強好鬥，但範圍僅限於有弱小同伴存在的地方。好鬥的孩子並不是真正的勇敢，他們只挑釁弱者。如果週遭環境氣勢強大，他們就不會那麼咄咄逼人，反而會易怒或者沮喪，而這樣的表現很可能降低其家人對她的評價。

在這種情況下，老大覺得自己不再像從前那樣被愛了，家人態度的轉變更使她確信了自己的觀點。她視母親為罪魁禍首，因為是她把另一個女孩帶來了這個家。這樣我們就能明白她與母親之間的直接衝突了。但對這個孩子來說，先出生的她就像其他所有嬰兒一樣，需要被關注、被寵愛，於

是她占據了有利地位，她不必拚盡全力，也不必去抗爭。她長成了一個非常甜美、溫順的可愛女孩兒，她成了家庭的中心。有時候，透過服從而展現的良好品性會取得勝利！

現在讓我們仔細審視，這種甜美、溫順和純良是否有益於生活。

我們假定，她的順從與隨和源自她得到的寵愛，然而，我們的文明對嬌慣的孩子並不友好。有時父親會意識到這一點而試圖終止這種狀況，有時則是由學校扮演這一角色。這類孩子所處的地位總是搖搖欲墜，因而嬌生慣養的孩子常常感到自卑。只要他們處在有利的環境中，我們就不會注意到這些孩子的自卑感，而一旦環境變得不利，我們就會發現，他們要麼崩潰憂鬱，要麼發展出優越情結。

優越情結和自卑情結有一點是共通的，他們往往都站在沒有意義的一方。在一個傲慢無禮、存在著優越情結的孩子身上，我們從來看不到他們對生活的貢獻。

被寵壞了的孩子來到學校，他們的有利地位會不復存在。從那一刻起，他們對生活採取了遲疑的態度，他們開始變得一事無成。

就像我們先前談及的那位妹妹，長大後，她開始練習女紅、進修鋼琴等，但這些都只是三分鐘熱度。她漸漸失去了

對社會的興趣，不再嚮往外面的世界，並變得鬱鬱寡歡。姐姐更討喜的性格讓她覺得自己的世界被蒙上了一層陰影。她開始躊躇不定，自己也越發軟弱，久而久之更導致了性格的惡化。

後來，她在工作中也常常舉棋不定，很多事都做不好。對待愛情和婚姻，儘管她渴望與姐姐競爭，但卻依舊改不了猶豫不決的態度。三十歲時，她環顧四周，看到了那個患結核病的男人。顯而易見，這一選擇必然會遭到父母的反對。對於這件事，已經不需要她自己停止行動，因為父母早就按下了終止鍵，於是這段婚姻未始即終。一年之後，她嫁給了一個大她三十五歲的男人，鑑於這個歲數的男性已經出現生理性老化，這段沒有婚姻之實的婚姻其實也毫無意義可言。在挑選伴侶時，如果一個人選擇的對像在年齡上大自己很多，或者根本無法步入婚姻（比如那些已婚男女），這樣的人往往會顯現出自卑情結。阻礙會滋生怯懦和懷疑，因為婚姻沒有讓女孩感到優越，她找到了另一種方法來滿足她的優越情結。

她堅稱，這個世界上最重要的就是責任。她不得不整天清洗自己，如果有任何人或東西碰到了她，她就必須再洗一次。這樣一來，她把自己完全孤立了。事實上她的雙手還是那麼髒，原因很明顯：她的不間斷清洗已經使皮膚變得非常

粗糙，以至於汗垢在皮膚上的堆積變得比以前更容易。

　　這一切看來都像一種自卑情結，但她卻感覺自己是全世界唯一純潔之人，她不斷批評指責別人，因為那些人都沒有和她一樣的潔癖。她好像是默劇中的女主角，盼望著能高人一等，現在她終於以一種虛幻的方式如願以償了。她是世界上最純潔的人。可見，其自卑情結已演變成了一種非常明顯的優越情結。

　　我們在自大狂中也能看到同樣的現象，他們相信自己無所不能。這樣的人總是躲在毫無意義的生活中扮演著自己的角色，就好像事實的確如此一樣。他孤立於生活之外，如果走進他的過去，我們會發現他曾經有著自卑情結，並沿著一條毫無價值的道路走向了優越情結。

　　這裡有一個案例，講的是一個十五歲的男孩因為出現幻覺而被送進了精神病院。那是在戰前，他覺得奧地利皇帝死了。這當然不是真的，但他卻聲稱皇帝託夢給他，要求他帶領奧地利軍隊抵禦外敵，而他甚至比普通人還矮了一大截！有時他讀到報紙上的新聞，上面寫著皇帝在城堡門口停了下來或是開著車外出了，但他根本不信，他堅稱皇帝已經死了，並曾在他的夢裡出現。

　　那時，個體心理學正試圖找出睡眠姿勢對了解一個人的

優越感或自卑感所造成的重要暗示作用。我們會發現，這樣的資訊可能很有用。有些人躺在床上時會保持一種蜷縮的姿勢，像刺蝟一樣，把被子蒙過頭。這種傳達出自卑情結的睡態還能使我們相信這樣的人很勇敢嗎？或者，對於一個總是睡成「大」字形的人，我們能相信他會是一個軟弱而容易向生活折腰的人嗎？根據觀察，那些總是趴著睡覺的人往往固執又好鬥。

那時人們對這個男孩進行了觀察，試圖找到其清醒時的行為與睡眠時的姿態之間的關係。研究發現，他睡覺時雙臂交叉於胸前，這個姿勢就像是把為我們熟知的那些拿破崙畫像複製了下來。第二天，男孩被問道：「這個姿勢會讓你想起某個人嗎？」他回答說：「是的，我的老師。」這個發現稍稍令人皺眉，直到有人提示，那位老師可能有點像拿破崙，事實也證實了這一點。更重要的是，男孩喜歡這個老師，並且想成為一名和他一樣的老師。然而家裡沒有足夠的積蓄供他繼續上學，他的家人不得不送他去一家餐廳工作，而在那裡，他常因為身材矮小而受到顧客們的嘲笑。他忍無可忍地想要擺脫這種屈辱，卻逃進了沒有意義的生活。

我們可以理解案例中的這個男孩經歷了什麼。一開始，他由於身材矮小而受到餐廳客人的嘲笑，因而產生了一種自卑情結。但他始終在尋求超越，他想成為一名老師。由於他

在這條職業道路上遇到了阻礙，他便繞道去了生活中沒有意義的另一邊，找到了另一種優越的目標。在睡夢中，他獲得了優越感。

我們會發現，優越目標既可能存在於有意義的生活中，也可能存在於與之相反的另一面。比如，在一個人的樂善好施背後可能蘊藏著完全不同的含義，一種可能是他很好地適應了社會並樂於助人，而另一種則可能是他僅僅想要炫耀自己的美德。心理學家遇到的人裡，許多人的主要目的就是自誇。有這樣一個案例，主角是一個男孩，他在學校的表現不是很好，事實上他還逃學、偷東西，品行很差，但他卻總是自誇。而他這樣做的原因就是自卑情結。他想要在某條道路上取得成果，只可惜他選了一條廉價的虛榮之路。於是他偷錢給妓女們送花和禮物。有一天他去了一個小鎮，搶奪了一輛馬車和六匹馬，在那兒，他駕著馬車在全城遊蕩，最終被逮捕。他的一切行為，都是在盡最大的努力表現得比別人偉大，也比真實的自己更偉大。

類似的傾向也存在於罪犯的行為中，罪犯們同樣喜歡輕而易舉的成功，關於這點我們已經另外討論過了。有一個案例，紐約的一些報紙報導了一名竊賊闖入女教師住宅並與她們交談的新聞。竊賊告訴那些女教師，他雖然不了解普通的正經職業有多麼麻煩，但當小偷一定比做正規工作輕鬆得

多。這個人顯然逃入了毫無意義的生活，但選擇這條路讓他產生了某種優越情結。他感覺自己比那些女教師強大，尤其在當時他有武器傍身，而她們卻手無寸鐵。可是，他會意識到自己是個懦夫嗎？我們會這樣認為是因為我們把他看成一個透過選擇沒有意義的生活來逃避自卑情結的人。然而，從他自己的角度，他只看到了一個英雄，而不是懦夫。

還有一類人選擇透過自殺這種方式拋下一切塵世間的苦難。他們似乎不在意生命，並因此而感到優越，而其實他們早已加入了懦夫行列。我們知道優越情結是一種第二階段的表現，它是自卑情結的補償。我們必須時刻努力尋找它們的有機連繫，這種連繫可能看似是一種矛盾，但正如我們在前文中展示的，它切切實實存在於人性的發展中。一旦我們發現了這種連繫，我們就為同時處理自卑情結與優越情結做好了準備。

在對自卑情結與優越情結做出總結之前，我們不得不就這兩種情結與正常人之間的關係再多說幾句。我們說過，每個人都會存在自卑感，但自卑的感覺不是一種疾病，相反，它會促進人們的正常奮鬥與健康發展。只有當缺失感淹沒了整個人，以至於無法再促使個體從事有益的活動，使他被陰鬱籠罩而無法前進時，它才變成一種疾病狀態。現在，優越情結成了有自卑情結之人逃避困難的方法。他明明沒有優

勢卻自認為高人一等，這種虛假的成功彌補了令其無法忍受的自卑狀態。一個正常人則沒有優越情結，他甚至沒有優越感。努力追求卓越，是因為我們都有追求成功的雄心壯志，只要這種奮鬥表現在工作中，它就不會導致錯誤的評價，錯誤的評價是精神疾病產生的根源。

第四章
生活風格

如果我們觀察一棵長在谷底的松樹，我們會發現它與長在山頂的松樹不太一樣。它們是同一種松，但卻擁有兩種截然不同的生活風格。立於山頂或藏於谷底，松的風格亦隨之而變。樹的生活風格是樹在環境之中的個性表達和自我塑造。當一種風格處於有悖於期望的環境背景時，我們就能將其辨認，因為那時我們會意識到每一棵樹都有一種屬於自己的生活模式，而不僅僅是對環境的機械化反應。

人類的情況也幾乎如出一轍。我們會在一定的環境條件下看到生活風格，鑑於思維會隨著環境的變化而改變，我們的任務就是分析它對客觀環境的確切反應。如果一個人處在對其有利的情境之中，我們就會難以看清他的生活風格。然而，當新情況出現，當他面對困難時，生活風格就變得清晰而明確了。訓練有素的心理學家也許能看出一個處在順境中的人的生活風格，但當個體被置於困難和逆境中時，他的生活風格對每個人而言就都變得顯而易見了。

生活中的困難要比一場遊戲中的關卡多得多。總有一些情況使人類發現自己正陷於困難的泥沼。而正是在人們面對這些難題時，我們才必須對他加以研究，找到其不同尋常的行為方式和特徵標識。正如我們之前所說，生活風格是一個統一體，因為滋養它成長的土壤既是早期生活的困境，也是為追尋目標而做出的奮鬥。

但我們對過去和未來並沒有如此大的興趣。要洞察一個人的未來，了解他的生活風格必不可少。即使我們了解了本能、刺激、驅力等，我們也無法準確地預測未來。一些心理學家確實試圖透過某些本能、印象或創傷來得出結論，但深入研究之後會發現，所有這些元素都以某種一以貫之的生活風格為前提。因此不論何種刺激，它們都只是對生活風格的拯救或修復。

　怎樣才能把生活風格的概念與我們前幾章所討論的內容連繫起來？我們已經看到，生理上虛弱的人們如何因其面對的困境和不安全感而感到自卑或形成自卑情結。但由於人類無法長期忍受這種情況，自卑感會促使他們採取行動，正如我們看到的，它會讓人們樹立一個目標。個體心理學一直以來把這種目標指引下的一貫行為稱作「生活規劃」，但由於這一名稱有時會誤導學生，因此我們現在稱之為「生活風格」。

　因為一個人有著自己的生活風格，所以有時只要透過與其交談或讓他回答一些問題，我們就能夠預測他的將來。這就像看到了戲劇的第五幕，所有謎團都能解開。我們能做出這樣的預測是因為我們知道其生活所處的階段，知道他生活中所面臨的困難和問題。因此根據經驗以及對一些事實的了解，我們就能知道一個離群索居又渴望支持、嬌生慣養又舉棋不定的孩子將來會發生什麼。如果一個人的目標就是尋

求他人的支持，那他會怎樣？答案是猶豫不前，面對生活問題，他選擇止步或逃跑，而不是去解決。我們會知道他的猶豫、止步或逃避是因為同樣的事情我們已經看過了千萬次。我們知道他不想獨自前行，他希望能一直被精心照料；他想離生活的煩惱越遠越好，他讓沒有意義的事情占據自己，使自己無暇顧及生活中有價值的事。他缺乏社會興趣，這可能導致他發展成一個問題兒童、一個精神官能症患者、一個罪犯，甚至有可能會選擇自殺以獲得最終的解脫。了解了個體的生活風格，所有一切都比從前更好理解了。

比如，我們意識到，在尋找一個人的生活風格時可以用正常的生活風格作為測量的基礎。我們把能夠正常適應社會的人作為標準，就能夠測量其與正常人的差異。

此處也許應對如何確定正常生活風格、如何以此為基準發現錯誤和古怪作一下說明，以幫助我們更容易理解。但在討論這個問題之前必須指出，在這類研究中，我們不會對各種類型加以列舉。我們不去考慮人類的類型，因為每個人都有獨特的生活風格。就像一棵樹上沒有完全相同的兩片葉子，我們也無法找到兩個一模一樣的人類。大自然如此豐富，刺激、本能和錯誤會呈現各式各樣的可能，不可能存在兩個完全一樣的個體。因此，倘若我們談及類型，那我們只是將它作為一種思考方式，以便更容易理解個體之間的相似

之處。如果我們擬定一種類型似的分類方式，並研究它們的特點，這將更有助於我們的判斷。然而，在這麼做的同時，我們並不能保證在所有情況下都能使用同一套分類體系，我們採用的是最有助於我們發現特定相似性的分類方式。那些死板地套用類型或分類方法的人，一旦將某人對號入座，就再無法看到他們身上存在其他類型的可能性。

有個例子可以說明我們的觀點。當我們說到一個社會適應不良的人時，我們指的通常是那些缺乏社會興趣、過著無聊生活的人。這是將個體進行分類的一種方法，可能也是最重要的方法。但仔細思考一下這種人，我們會發現，雖然他的興趣十分局限，可他把僅有的興趣都集中在了視覺的事務上，這樣的人與主要關注口頭事務的人全然不同。他們也許都不適應這個社會，也許都很難與同伴建立良好的關係，但他們絕不屬於同一種類型。因此，如果我們沒有意識到，類型只是為了便於研究而做的抽象概括，那麼區分類型可能會成為引起混淆的根源。

現在讓我們回到正常人，他是我們測量偏離的基準。所謂正常人，就是生活在社會中且適應良好的個體，不論他的主觀意願如何，他的工作都能為社會作出一定的貢獻。同樣，從心理學角度上看，他擁有足夠的能量和勇氣去面對隨時可能到來的問題和困難。在精神病患者的身上，有兩種特

質是缺失的。他們既無法適應社會，也無法應對日常生活任務並作出心理上的調適。我們以一個個案作為例子來進一步闡述。這是一個三十歲的男性，他總是在問題即將解決的最後一刻選擇逃走。他有一個朋友，但他總是對其心懷疑慮，因此這段友情始終無法茁壯成長。友誼是無法在這種條件下得到發展的，因為另一方會在這段關係中感到緊張。我們很容易發現，儘管這個男人有很多可以說話的人，但他卻沒有真正的朋友。對於交朋友，他既沒有足夠的興趣，也缺乏相應的社交能力。事實上，他不喜歡社交，在同伴們面前他總是沉默寡言。對此他解釋說，和同伴們在一起的時候他從來沒有任何想法，因此也沒有什麼可以說的。

不僅如此，這個男人還極度靦腆。在說話時，他的皮膚總是控制不住地泛起紅暈。而一旦克服了這種害羞，他講話就會非常流暢。他真正需要的是沒有批評的環境，幫助他克服害羞。當然，當他處於這種狀態時，其所展現的形象並不盡如人意，也因此不大受鄰居們的喜愛。他感覺到了這點，於是越來越不喜歡說話。也許有人會說，他的生活風格就是這樣，每當他接近社會中的其他人，他就會開始警惕。

繼社會生活與交友藝術之後，我們要討論的是關於職業的問題。案例中的這個患者總是因擔心工作失敗而日夜學習。他工作過度努力，精神過度緊繃，勞累太甚使得他面對

職業問題時無能為力。

　　如果我們對比一下這個患者在對待生活中前兩個問題的態度，我們會發現他總是處在一種過分緊張的狀態，這說明他具有很強的自卑感。他對自己評價過低，認為他人以及環境的變化對他都很不友好，他感覺自己正置身於敵國之中。

　　我們現在有了足夠的數據來描繪這個男人的生活風格。我們知道他想繼續前進，但與此同時，他又因害怕失敗而深陷泥淖。他好像是面對著深淵，心事重重、惴惴不安。只有條件允許時他才向前嘗試，否則他寧願待在家裡也不想與別人產生交集。

　　此人面臨的第三個問題就是戀愛問題 —— 面對這個問題，大多數人都沒有做好充足準備。面對異性，他總是瞻前顧後。他發現自己其實想要戀愛結婚，但由於強烈的自卑感，他不敢想像長遠的未來。他無法達成自己所想，因此我們可以看到他的整個行為和態度最終歸結為這樣幾個字：「是的……但是！」我們看到他愛上一個女孩，然後又愛上了另一個。這在精神官能症患者中間經常發生，因為從某種意義上說，他們認為即使是兩個女孩也無法構成一個完整的理想伴侶，這一想法為一夫多妻制的心理傾向提供了一種解釋。

　　現在讓我們談談這種生活風格的形成原因。個體心理學

的任務之一就是分析生活風格的成因。這個男人在他四五歲的時候就確立了自己的生活方式。當時發生了一些對其人格的塑造和形成有重要影響的不愉快的事，因此我們必須找到這些不愉快。我們可以看到，有些事讓他對其他人失去了正常的興趣，給他留下了這樣一種印象：生活不過是一個龐大的困難聚合體，與其總是遭遇困境，不如就此歇下。於是他變得謹小慎微、猶豫不決，開始尋找逃避的方法。

我們必須提及這樣一個事實，他是家裡的第一個孩子。我們已經說過處在這一地位的重要意義了。第一個出生的孩子多年間都在全家的聚光燈下，只是他的光芒後來還是被另一個孩子所取代，關於這一事實如何產生了重要的問題，我們也已經向大家做過說明。很多情況下，如果一個人很害羞而害怕繼續前進，我們一定會在他身邊看到另一個被偏愛的人。因此在這些案例中，找出問題的症結並不困難。

有時候，我們只需詢問病人，你在家裡排行老大，還是老二，還是老三，那樣我們就能得到所需的一切答案。我們也可以採用另一種完全不同的方法，那就是詢問他們的早期記憶，對此我們會在第五章中用較大的篇幅加以討論。這是一種非常有價值的方式，因為這些記憶或第一次的印象是建立早期生活風格的重要組成部分，我們也稱這種早期生活風格為原型。當一個人談起他的早期記憶時，他回憶起的是其

原型中真實的一部分。回首過去，每個人都會記得一些重要的事情，而那些印刻在記憶中的東西總是非常要緊。有一些心理學流派則依據相反的假設開展研究，他們相信，被遺忘的才是最重要的。但其實，這兩種理念並沒有本質上的差異。一個人也許可以告訴我們他意識中的記憶，但他不知道這些記憶意味著什麼，他看不出它們與其行動之間的連繫。因此，無論我們是強調在有意識的記憶中被隱藏或被遺忘的部分，還是關注被遺忘的記憶的重要性，其結果都是一樣的。

對早期記憶的描述雖寥寥數語，卻充滿啟發性。一個人也許會告訴你，當他還小的時候，媽媽帶著他和弟弟去了市場。這些資訊已經足夠使我們發現他的生活風格了。他的記憶中描繪了自己和弟弟，因此我們看得出，有一個小弟弟在他生命中的重要意義。繼續引導，你可能會發現在另一段的回憶中也出現過似曾相識的情景，他回憶起那天下著雨，媽媽把他抱在懷裡，但當她回頭看見弟弟時，媽媽放下了他，抱起了弟弟。這樣我們就繪製出了關於他生活風格的圖景，他總覺得存在著另一個人比他更受喜愛，於是我們得以理解他為什麼不敢當眾發言，因為他總是在環顧四下，想知道是否有人不喜歡他。在他的友情中，情況亦是如此，他總覺得朋友更喜歡別人，因此他永遠無法交到一個真正的朋友。他

總是疑神疑鬼地尋找著蛛絲馬跡來擾亂這段友情。

我們同樣可以看到記憶中的不愉快經歷如何阻礙了他社會興趣的發展。在他的記憶中，母親抱著弟弟。我們可以明白這種感覺，那就是弟弟得到了比他更多的來自母親的關注。他感到弟弟更被偏愛，並時時刻刻想辦法證實這種想法。他全然相信自己是正確的，當他認為某人比他更受歡迎時，他便會竭盡所能地尋求證明，並因而總是處在這樣的壓力之下。

現在，對這樣一個疑心頗重的人而言，唯一的解決之道就是完全孤立自己，這樣他再也不必與其他人競爭，也就是說，他讓自己成了唯一的人類。有時，這類孩子確實會出現這樣一種幻想，他會想像整個世界崩壞，只有他倖存了下來，因此，再也不會有人比他更受歡迎。我們看到他用了一切方法來救贖自我，但他沒能沿著邏輯、常識或真理指引的路線前行，而是被懷疑衝昏了頭腦。他活在一個有限的世界裡，有著想要逃跑的念頭。他不想與別人發生絲毫的關聯，對他們也根本不感興趣。但他不應為此受到指責，因為他的狀態並非完全正常。

我們的任務是給這樣一個人創造社會興趣，使他能夠良好地適應社會。要怎麼做呢？對於如此成長的人來說，最大的困難在於他們總是過於緊張，總是在想方設法地證實其根

深蒂固的念頭。因此，要改變他的想法幾乎不太可能，除非我們能以某種方式深入他的內在人格，消除他的先入之見。要做到這一點，我們必須動用一些藝術和技巧，諮詢師的人選最好是與病人沒有密切關係或對患者不感興趣的人。因為如果一個人對案例有直接的興趣，我們有可能會發現他所做的一切都是為了滿足自己的興趣而不是為患者考慮。但是患者不可能注意不到這點，而這必定加重其疑心。

減輕病人的自卑感是我們的首要考慮，事實上，自卑感很難被徹底根除，而我們也並不想這麼做，因為自卑感可以構成有益的建設基礎。我們必須做的是改變目標。僅僅因為有別人更受歡迎，他就一直將逃避作為自己的目標，而被這種糾結所縈繞，他感到自己必須努力。我們必須讓他知道自己確實低估了自己，以此減輕他的自卑感。我們可以讓他看到自己行為中的困擾，向他解釋其過度緊張的傾向，讓他知道自己好像站在了巨大的深淵面前，好像身處敵國的陣營，處處危機四伏。我們可以讓他明白自己對他人更受偏愛的恐懼，正是他再怎麼努力也無法給人留下最好印象的元凶。

如果這樣一個人能以社會的主人自處，能透過與朋友友好相處讓朋友們感到愉悅，也能考慮朋友們的興趣愛好，那他就會獲得長足的進步。但在日常的社會生活中，我們看到他並不快樂，也沒有自己的想法，於是他會說：「愚蠢的人

們，他們不喜歡我，我也對他們沒興趣。」

　　這些人的問題在於，由於他們思維的局限和常識的缺乏，他們無法充分理解週遭環境。正如我們所說，他們好像總是在敵人的十面埋伏中，過著孤狼般的生活。而在人類世界中，這種一反常態的生活有些可悲。

　　現在讓我們再來看看另一個具體案例 —— 一個患有憂鬱症的男人。這種疾病很常見，但可以治癒。這樣的人在他們小的時候就能被分辨出來，事實上，我們注意到很多孩子在進入新的環境時，會表現出憂鬱症的症狀。我們談論的這個人曾有過大約十次的發作經歷，這些往往都發生在他獲得新的職位之時，只要他還在原來的位置上，他的表現幾乎都很正常。另外，他不願走上社會，他只想支配他人。因此他交不到朋友，直到五十歲了也沒有結婚。

　　讓我們走進他的童年，來研究一下他的生活風格。他曾經十分敏感，總愛和人起爭執，他常常透過強調自己的痛苦和弱勢來指揮哥哥姐姐們。有一次他們一起在沙發上玩耍，他把其他孩子都推了下去。阿姨為此責備他時，他說：「你這樣責備我，現在我的整個人生都毀了！」而那個時候，他才只有四五歲而已。

　　這就是他的生活風格 —— 他總是試圖支配他人，總是抱

怨自己的無助和痛苦。這一特徵導致了他成年後的憂鬱症，而這本身只是一種軟弱的表現。很多憂鬱症患者都會講同樣的一些話：「我的人生被毀了。我失去了一切。」這樣的人往往曾經受過許多寵愛而後來又失去了，而這影響了他的生活風格。

人類面對環境的反應有時和動物很像。野兔在同樣的情況下面對狼或老虎時會做出不同的反應。人類也是如此。曾經有一項實驗，是把三個不同類型的男孩帶到獅籠前，觀察他們第一次面對這種可怕動物時的反應。第一個男孩轉過身說：「我們回家吧。」第二個男孩說：「好漂亮！」他想要表現得勇敢些，但其實說這些話時他在渾身發抖，他是懦弱的。第三個男孩說：「我可以朝他吐口水嗎？」在這裡我們看到了三個孩子的不同反應，看到了人類在經歷同一情境時給出的不同回饋。同樣地，我們也看到大多數人類都有感到恐懼的傾向。

這種在社交場合表現出來的膽怯，是導致適應不良的最常見的原因。有一個出身名門的男人，他從來不想自己努力，只希望得到支持。他看上去很柔弱，當然也找不到工作。後來家裡情況急轉直下，他的弟弟追著他說：「你真傻，找不到工作，你什麼都不懂。」於是這個人開始喝酒。幾個月後，他酗酒成癮，變成一個酒鬼，被送進精神病院待了兩

年。這對他有所幫助，但好景不長，因為回歸社會時，他其實還沒做好準備。雖然他曾是貴門子弟，但如今除了出賣勞力他找不到別的活計。很快他開始產生幻覺，他總感覺有人在戲弄他，而這樣一來，他就不能工作了。一開始他因為酗酒而無法工作，後來幻覺又成了最好的託詞。如此我們可以明白，僅僅讓一個醉漢醒酒並不是一個好辦法，我們必須找出他的生活風格並加以修正。

經過調查我們發現，此人曾是一個被寵壞的孩子，他總是期待別人的幫助。他從沒想過一個人面對工作，而我們也看到了結果。我們必須讓所有孩子學會獨立，而只有讓他們明白其生活風格的錯誤之處，才有可能做到這一點。這個孩子本應該受一些訓練，這樣他就不至於在兄弟姐妹面前感慨羞愧了。

第五章
早期記憶

　　分析了個人生活風格的重要意義之後，現在讓我們把目光轉向另一個話題 —— 早期記憶，這也許是辨識生活風格的最重要的途徑。透過回顧童年記憶，我們將能夠更好地揭示原型 —— 生活風格的核心部分。

　　如果我們想了解一個人的生活風格，無論是兒童還是成人，在聽過了他們的一些抱怨之後，我們應該詢問一下他們的早期記憶，並與其提供的其他資訊進行比較。生活風格在相當程度上是恆久不變的，一個人總是有著同樣的性格、同樣的整體。正如我們已經說明的，生活風格是經由對特定優越目標的追尋而建立的，因此我們必須期望每個詞句、每種感覺都是整條「行動路線」的有機組成。現在，這條「行動路線」在某種程度上被展現得更加清晰了，它在早期記憶中尤為顯著。

　　然而，我們不應在新舊記憶之間劃下太明顯的楚河漢界，因為新的記憶同樣也涉及行動路線。只是從初始的地方尋找行動路線才更簡單，也更具啟發性，因為這樣我們能發現問題的主旨，能夠明白一個人的生活風格為什麼沒有真正的改變。從四五歲時形成的生活風格中，我們會找到存在於過去的記憶與當下的行動之間的連繫。因此，在經過了許多類似的觀察之後，我們基本能堅持這樣的理論：我們總能在早期記憶中找到患者原型的真實部分。

我們相信，當一個患者回首往事時，任何出現在他腦海中的記憶都會喚起他情緒上的興趣點，由此我們也將找到通向其內在人格的線索。不可否認，被遺忘的經歷對理解生活風格和原型而言都很重要，但很多時候，被遺忘的記憶（或者叫無意識記憶）更難以被我們發現。不論是有意識記憶還是無意識記憶，它們都有奔向同一個優越目標的共同特質，它們都是完整原型的一部分。因此，如果可能的話，最好能同時挖掘出這兩種記憶。不論記憶是否有意識，它們歸根結柢都同樣重要，而對個人來講，他們自身一般對這兩種記憶均不甚了解。通常這兩者都是首先被局外人理解並加以闡釋的。

讓我們從意識層面的記憶開始。有些人在被問及早期記憶時會說：「我都不記得了。」這時我們得要求他們集中精力，盡量試著去回憶。一番努力過後，我們會發現，一些記憶在他們的腦海中浮現了出來。但這種遲疑可以被視作一種跡象，提示我們他不願回看自己的童年，由此也能推斷出這樣的結論，那就是他的童年並不快樂。這類人需要我們引導，透過我們給出一些提示來找到我們想要的答案。往往到最後，他們多少都會想起一些事情。

有人宣稱，他們能記得一歲以前的事情，但是這幾乎不太可能，這些記憶往往都是幻想構造的而不是真實的。但這

些記憶是否真實並不重要，因為它們都是個體人格的一部分。有些人堅持說，他們分不清一些記憶到底來自本人還是來自父母的講述。這也不那麼重要，因為即使這些記憶是從父母口中獲得的，將這些內容印刻在腦海中的仍然是他們自己，因此它們同樣能幫助我們了解他的興趣所在。

正如我們在第四章解釋過的那樣，為了便於分析和理解某些問題，我們會將人分成不同類型。現在，在對早期記憶的闡釋中，我們將運用這一手段，來揭示特定類型的行為期望。以這個人為例，他記得自己曾看到過一棵不可思議的聖誕樹，上面掛滿了綵燈、禮物還有節日蛋糕。在這個故事中，最有趣的地方在於「他看到」。

為什麼他告訴我們他看見了什麼？因為他總是對視覺事物充滿了興趣。他的視力一直有些問題，因而在這個方面他付出了不少努力，這也使得他對「看」更有興趣，也更專心。即使這在他的生活風格中不占首要位置，也是有趣而重要的一部分。這告訴我們，如果要為他介紹一份工作，那最好是能讓他用到眼睛的那種。

學校教育常常會忽視根據兒童類型而因材施教的原則。我們會發現一個不認真聽講的孩子往往對「看」感興趣，因為他總是在東張西望。面對這樣的孩子，我們應當耐心訓練他「聽」的能力。許多孩子在學校只能在一個方面因教育而有

所收穫，因為他們只偏好某一種感知方式。他們可能只喜歡聽，或只喜歡看，還有一些則好動而喜歡實踐。我們不能指望這三種類型的孩子會達到同樣的發展結果，尤其當老師更傾向於某一種教法時。比如他的方法可能更適合聽覺型的孩子，但如果將這一教法應用於視覺型或實幹型的孩子，這些孩子往往會感到痛苦，並在成長的道路上遭遇阻礙。

舉例來說，這裡有一個二十四歲的年輕人，患有眩暈症，當被問及回憶時，他想起四歲的時候，有一次聽到了發動機的汽笛聲，然後便暈倒了。我們可以由此推斷出他是一個聽覺型的男人，因此他會對聽到的事物更感興趣。這裡暫且不必解釋他後來是如何發展成眩暈症的，但對這段回憶的敘述足以說明他從小就對聲音十分敏感。他是有樂感的，因為他不能忍受噪聲，不能忍受那些不和諧的、刺耳的音調。因此，對於他竟會受汽笛聲的影響，我們無須感到詫異。很多時候，不管是孩子還是大人，人們之所以會對一些事感興趣，是因為他們曾為此吃過苦頭。讀者應該還記得我們在前幾章中提到過的那位哮喘患者。他童年時曾因一些問題而不得不緊緊裹住胸口，這也致使他對呼吸的方式產生了極大的興趣。

有時我們會遇到一些人，他們的全部興趣似乎都在吃這件事上，於是我們可以認為他們的早期記憶很可能與飲食相

關。在他們的世界中，最重要的議題好像就在於怎麼吃、吃什麼、不吃什麼。我們常常發現，早年生活中與飲食相關的困難強化了吃在個人心目中的重要性。

現在讓我們把目光轉向另一個案例，關於運動和行走的記憶。我們知道有許多的孩子因為虛弱或佝僂病的緣故，在其生命的最初幾年無法俐落地活動。後來他們開始異常地熱衷於運動，並且總是急匆匆的。我們要說的這個例子就是這一事實的例證。

一個五十歲的男人在醫生面前抱怨，說他每次與別人一起過馬路時，就會有一種深深的恐懼感席捲心頭，他覺得他倆都會被車撞倒，為此他深受困擾。而獨自一人時，他從不會出現這種恐怖的煩惱，事實上，他自己過馬路是非常鎮定的。只有當他與別人一起時，他才會有拯救那個人的念頭。於是他會抓住同伴的手臂，一會兒拉他往左，一會兒推他向右，同行的人總是被他惹惱。這樣的人雖然不多見，但偶爾我們確實會遇到。就讓我們來分析一下這種愚蠢行為的原因吧。

當被問及早期記憶時，他說，他三歲的時候行動不太靈活，且還有佝僂病，他曾兩次在過馬路的時候被撞到。所以在他長大成人後，向人們證明他克服了自身弱點這件事變得非常重要，他甚至會想證明自己是唯一有能力過馬路的那個

人。每當他和同伴在一起時，他就開始尋找證明自己的機會。當然，能夠安全地過馬路並不是大多數人會引以為傲或拿來與他人競爭的事情。但以這位患者為代表的這類人群總在渴望並積極運動，還會試圖炫耀運動能力。

再舉另一個例子 —— 一個正走在通向犯罪道路的男孩。在學校時，他偷東西、逃課，做種種壞事，直到讓父母陷入絕望。在他的早期記憶中，自己總是急匆匆地到處跑。現在他和父親一起工作，整天坐著不動。從病案的性質看，治療方法之一是讓他成為一名業務員，讓他可以為父親的生意而奔波。

最重要的一種早期記憶是童年時對死亡的記憶。當一個孩子看到一個生命在他面前突然消逝，這將會對他產生很明顯的影響。有時，這些孩子會表現出病態，有時則不然，他們會將畢生精力投入到對死亡問題的研究中，並且常常以某種形式與疾病和死亡抗爭。我們會發現，在這些孩子中，許多人會在以後的日子裡迷上醫學，他們可能成為醫生或藥劑師。這樣的目標當然處在生活中有意義的那一面，他們不僅與死亡抗爭，還幫助其他人這麼做。然而，這類原型有時也會發展出一種十分個人主義的觀點。一個因姐姐的去世而受很大影響的孩子，當他被問到將來想做什麼工作時，我們原本期望答案會是一名醫生，而他的回答卻是：「一個掘墓人。」

人們問他為什麼想從事這樣的職業，他回答說：「因為我想成為那個埋葬別人的人，而不是被別人埋葬的人。」看到這裡，我們知道，這個目標指向了無意義的生活，因為這個男孩只對自己感興趣。

現在我們再來看一下被溺愛的孩子，思考一下他們的早期記憶。這些早期記憶就像一面鏡子，清楚地反映出這類人的性格特徵。這種類型的孩子常常會提起他們的母親。這也許是天性，但也可能釋放了一種訊號，暗示他曾不得不為獲得有利地位而爭鬥。有時候早期記憶看上去平平無奇，但卻值得細細品讀。比如有個男人會告訴你說：「我坐在房間裡，我媽媽就站在櫃子旁。」這似乎無足輕重，但他提到了母親，這就提示我們他可能曾對此很感興趣。有時候，母親的存在會很隱蔽，這導致研究變得更為複雜。我們必須猜測母親的所在，比如我們的提問對象可能告訴你，「我記得有過一次旅行」，如果你問是誰陪著他，你就會發現他的媽媽也在。如果孩子們說「我記得有一年夏天我在鄉下的某個地方」，而我們假設當時父親在城裡上班，母親在家照顧孩子，我們可以問：「當時你和誰在一起呀？」透過這種方式，我們常常能看到母親的隱藏影響。

透過對這些記憶的研究，我們可以發現一場「爭寵」的抗爭。我們看到一個孩子在他成長的過程中，如何開始重視來

自母親的寵愛。這對我們的理解很重要，因為如果兒童或成人告訴了我們這些回憶，我們基本可以確認，這樣的人總感覺自己處在危險之中，或在他們心裡總是存在一個比自己更受歡迎的「別人」。我們會發現這種緊張的情緒將不斷增長，並且越來越明顯，他們的思想會被這種想法牢牢鎖住。這樣的事實非常重要，它顯示，這樣的人在今後的生活中很有可能會變得善妒。

　　有時人們會把一種興趣抬至高於一切的地位。比如，一個孩子會說：「那天我要照看好妹妹，我想要好好地保護她，於是我就想把她放到桌邊，但是桌布絆住了我，妹妹就摔下來了。」這個孩子當時才四歲，我們當然不能要求這麼一個小不點兒去照顧另一個更小的孩子。可以看到，這個姐姐曾盡一切努力去保護她的妹妹，而這件事無疑成為她生活中的一個悲劇。故事的主角長大後，嫁給了一個可以說對她言聽計從的丈夫，但她總是愛嫉妒、愛挑剔，總是擔心丈夫會愛上別人。慢慢丈夫開始對她感到厭倦，而把注意力都放在了孩子身上，這很容易讓人理解。

　　有時緊張情緒的表達會更加明確，有人清楚地記得他們曾想傷害自己的家人，甚至曾想殺了他們。這樣的人是只對自己感興趣的極端案例，他們不喜歡其他人，對其他人存在一種敵對的情緒，而這種感覺早已存在於原型之中。

我們會遇到這樣一類人，他們什麼都做不好，因為他們常常擔心在朋友或同事中有人比自己更受歡迎，或總是疑心有人在試圖超越他。他永遠無法融入社會，因為他總是擔心別人會比他更耀眼、更受歡迎。他在每一份工作中都無比緊張，而這種態度在戀愛與婚姻中更為明顯。

即便我們無法讓他們痊癒，但透過一些對早期記憶的充滿藝術性的研究，我們可以讓他們的情況得到改善。

另一章中曾描寫過的一個男孩，就是我們應用這種方法治療過的對象之一。有一天他和母親還有弟弟一起去了市場，天空開始下雨，媽媽抱起了他，但看到弟弟後又把他放了下來而抱起了弟弟。這讓他感到弟弟比自己更受寵愛。

我們如果能得到這些早期記憶，就可以預測我們的病人們在今後的生活中會發生什麼。但是有一點必須記住，早期記憶不是成因，而是提示。它向我們展示事件為何發生以及如何發展的種種跡象，它讓我們知道個體指向目標的運動軌跡以及在這個過程中必須克服的障礙，它告訴我們一個人的興趣如何偏向了生活的這一邊而不是另一邊。比如，如果我們看到一個人在性方面可能留下了我們所謂的「創傷」，那就表示，相對其他事物，他可能會對這方面表現出更多的興趣。當我們挖掘早期記憶時，如果聽到了一些關於性的經歷，不必感到驚訝。有些人在很小的時候，確實會對性特徵

產生比其他方面更多的興趣。對性的興趣屬於人類的常見行為，但是，正如我之前所說，興趣也分不同的變體和程度。我們經常發現，在一個病例中，向我們訴說關於性的記憶的患者往往後來會朝這個方向發展，由此帶來的生活並不和諧，因為性作為人類生活的一個方面被過分看重了。有人堅信，性是一切的基礎。也有人堅持認為，胃才是最重要的器官，在這種情況下我們會發現，他們的早期記憶與後來的性格特徵的發展同樣有很大的關聯性。

有這樣一個男孩，升學這件事對他來說就像是一個解不開的謎。他總是閒不下來，永遠無法靜心學習。他的腦子裡總被其他事情占據，每當該學習的時候，他不是去了咖啡館，就是到朋友家做客。研究一下他的早期記憶，我們會得到有趣的發現。他說：「我還記得躺在搖籃裡的時候，我看著牆，看著牆上的牆紙，看著牆紙上的花紋和圖案。」由此可以看出，這個孩子只希望躺在搖籃裡，而不願意參加考試。他不能專心學習，或許是因為他總是心猿意馬，想要一下子逮住兩隻野兔，而這是不可能辦到的。我們還可以看出這個人曾經也許嬌生慣養，因而他無法獨自承擔工作。

接著我們要來說一說被厭惡的孩子。這種類型很罕見，只代表了極端的情況。如果一個孩子一出生就被討厭，這樣的孩子將很難存活下去。通常，孩子都會得到父母或保母一

定程度的照顧和寵愛，讓他們的需求得到滿足。在私生子、罪犯以及被遺棄的孩子中，我們會找到被厭惡的孩子，我們常常發現這些孩子容易陷入憂鬱，而在他們的記憶中，大多有過被憎恨的感覺。例如，在一個案例中，男子告訴我們：「我記得被打了屁股，媽媽不停地罵我、指責我，後來我逃走了。」逃跑過程中，他差點淹死。

這個男人來找心理醫生的原因是他離不開家。從他的早期記憶中我們可以看到，他曾經的離家行為使其遭遇了巨大的危險。這個經歷讓他無法釋懷，因而每次一出門他就開始尋找危險。他是一個聰明的孩子，但總害怕自己在考試中拿不到第一的位置，於是他遲疑不定，躊躇不前。當他最終考上了大學，他開始擔心自己無法按照規劃的路線那樣與他人競爭。我們看到所有這一切都可以追溯到他對危險的早期記憶。

另一個可以用作例證的案例是關於一個孤兒的，在他只有一歲左右的時候，他的父母親就去世了。他患有佝僂病，寄養在精神病院裡。他得不到應有的關心，也沒有人照顧他，以至於在後來的人生中，他很難交到朋友或結識志同道合的人們。回到他的記憶中，我們看到，他一直以來都覺得自己不受待見。這種感覺在他的成長過程中始終占據著舉足輕重的地位，他總覺得自己被人討厭，這也成了阻礙他解決

問題的主要障礙。因為自卑感，他把自己排除在了生活之外，比如愛情、婚姻、友誼、事業 —— 所有這些生活場景都需要與同伴的接觸。

還有一個有趣的例子，那是一個總抱怨失眠的中年人。他年齡在四十七歲上下，已婚，也有孩子。他對每個人都十分挑剔，總想掌控一切，尤其對待家庭成員時總是專制而霸道。他的行為讓每個人都感到很痛苦。

當問起他的早期記憶時，他解釋說，他從小生活在充斥著父母吵架聲的家庭，爸爸媽媽總是吵架，相互威脅，所以他害怕他們，兩個都怕。上學時，他總是邋裡邋遢、沒人照管。有一天，平時給他們上課的老師臨時有事，於是來了一位代課老師。這位女老師對接手的這項任務以及工作中可能發生的一切都很感興趣，她認為這是一份高尚的工作。從這個疏於照看的孩子身上，她看到了伸出援手的可能，於是便過去給了他一些鼓勵。這是男孩有生以來第一次被這樣對待，從那時起，他開始有所成長，但總覺得自己好像一直在被推著走。他並不真正相信自己能夠實現超越，因此他總是整天整天地幹活，一直工作到深夜。就這樣，他從小就習慣了利用深夜的時間來工作，甚至整宿不睡只為了思考自己還必須做什麼。結果，他慢慢開始認為，保持近乎整晚的清醒似乎成了達到某種成果前所必須經歷的狀態。

後來我們看到，他對優越的渴望展現在了其對家庭和他人的態度和行為上。只要家庭成員比他弱勢，他就能在他們面前扮演征服者的角色。無可避免地，他的妻子和孩子都對他的這種行為叫苦不迭。

總體概括這個人的人格，我們可以說他有一個追求優越的目標，而這也是一個強烈自卑的人會追求的目標。我們經常能在過度緊張的人身上發現這種情況。緊張代表了他們對成功的不確定，而這種不確定又被一種以優越姿態為表現的優越情結所掩飾。對早期記憶的研究揭開了幕簾，將真實情況帶到了臺前。

第六章
態度和動作

在第五章中，我們用了不少筆墨描述了如何運用早期記憶和幻想來揭示個人隱藏的生活風格。然而，早期記憶只是研究人格的眾多方法之一。這些方法都遵循著同一種原則，那就是透過各個獨立的部分來對整體加以解釋。除了早期記憶，我們還可以觀察人們的動作和態度。動作本身就嵌入在態度中，或是以態度為表達，而態度則是對構成了個體所謂生活風格的整個人生狀態的表達。

讓我們先說說身體的動作。我們都知道，一個人的站立、行走、運動、自我表達等都可以被拿來當作判斷一個人的依據。我們並不總是有意識地去評價，但這些印象或多或少都會引發一些好感或反感的情緒。

我們首先思考一下對站立的態度。我們一眼就能注意到，一個兒童或成年人的站姿是昂首挺胸還是駝背彎腰，但我們尤其要關注的是那些特別誇張的例子。如果一個人站得太直，處於一種完全伸展的姿態，不免讓我們懷疑他是否用力過猛以擺出這種姿勢。我們猜測，也許這個人的自我感覺並不如他試圖表現的那麼好。從這個小小的切入口，我們可以看到他的姿態所對映出的所謂的優越情結。他想表現得更勇敢 —— 他想表達自己，如果不是那麼緊張，他還想表現得更好。

然而，有的人則表現出相反的姿態 —— 他們看上去歪歪

扭扭，好像總是弓著背一樣。這樣的姿勢一定程度上暗示了他們的懦弱。但我們的研究的藝術性和科學性在於，我們應當始終保持謹慎的態度。我們需要從各方面進行觀察，而不是僅憑一點就做出判斷。有時候，雖然我們已經幾乎可以認定自己的正確性，但仍然希望從其他方面佐證我們的判斷。我們會問：「堅持認為含胸駝背是懦弱的表現，這是正確的嗎？他們在困難情況下會有什麼樣的表現呢？」

再看看這類人的另一種表現，我們會注意到他們總是試圖依靠在某個地方，比如倚著桌子或搭著椅背。他們不相信自己的力量，總是想依賴他人的支持。這與歪斜的站姿反映了同樣的心態，於是我們找到了兩種能夠作為例證的行為表現，先前判斷的正確性也基本得到了證實。

我們發現，依賴他人的孩子與獨立的孩子會表現出截然不同的姿態。透過觀察一個孩子如何站立、如何接近他人，我們就可以判斷他的獨立程度。我們還可以採取措施糾正一些不良狀態，引導孩子走上正確的道路。

面對一個總想依附別人的孩子，我們可以做這樣一個實驗。先請他的母親坐在一張椅子上，再請孩子進入房間。我們會發現，他進門後不會與他人進行目光的接觸，而是直接走向母親，然後靠在她的椅子旁或者直接依偎在母親身上。這證明了我們的預期——這個孩子想尋找依靠。

　　觀察孩子的待人接物也很有趣，這顯示了孩子的社會興趣程度和社會適應程度。它向我們展示了孩子在與他人接觸過程中是否自信。我們會發現，有些不願意接近他人或老是站在遠處的人在其他事情上也會表現得有所保留，我們有時也會發現他們很少說話而且異常沉默。

　　可以看到，所有這些都指向了同一個方向，因為每一個人類個體都是一個統一體，面對生活問題的反應也是如此。我們將用一個前來向醫生求助的女性為例加以說明。

　　醫生本以為患者會坐在他旁邊，但當醫生示意她請坐後，她環顧四周，選了一個很遠的位子坐下了。我們可以得出這樣的結論，那就是這位患者只想與某一個人建立連繫。她說自己結婚了，那我們就基本能推測出整個故事的大概了。她只想與自己的丈夫保持關聯，她想得到寵愛，她應該是那種會要求丈夫每天都能準時準點到家的一類人。如果讓她一個人獨處，她就會感到巨大的焦慮，她不願獨自出門，她也不想見任何其他人。只是這樣一個簡單的肢體動作就能讓我們猜到整個故事，而證明我們的理論的方法還有很多。

　　她會告訴我們：「我正被焦慮折磨。」沒人明白這意味著什麼，除非我們知道焦慮可以被用作支配他人的武器。如果一個人常常為焦慮而困擾，無論他是成人還是兒童，我們都可以猜測，一定有人在支持他。

曾經有一對夫妻堅持認為他們是開放婚姻的推崇者。這類人相信即便在婚姻中，只要雙方相互坦誠，每個人仍然能做一切自己想做的事。結果就是丈夫有了幾次外遇，並把這些都一一告訴了妻子。她一開始似乎是滿意的，但慢慢地，她開始焦慮不安。她不願一個人出門，丈夫必須隨時和她在一起。我們看到，這種開放婚姻一步步地被焦慮和恐懼所侵蝕。

　　有些人總喜歡待在房間的牆邊或靠在上面，這些舉動在一定程度上能夠說明他們不夠勇敢、不夠獨立。讓我們來分析一下這樣一個靦腆而猶豫的人的原型。有個男孩在學校總顯得特別害羞。這是一種很重要的跡象，說明他不想與他人發生連繫。他沒有朋友，永遠在等放學鈴響的那一刻。他平時動作很慢，下樓梯時總貼著牆根，課堂上他望著樓下的街道出神，一放學就立刻衝回家裡。在學校，他算不得一個好學生，甚至學習成績還很差。因為待在學校的圍牆內，他一點都感覺不到快樂，他總是想著回家，回到母親身邊。他的母親是個柔弱的寡婦，十分寵溺他。

　　為了對這個病例做進一步了解，醫生找到了他的母親進行了面談。醫生問：「他一直想睡覺嗎？」她回答，「是的。」「他晚上哭鬧嗎？」「不。」「那他尿床嗎？」「不。」

　　醫生心想，不是自己弄錯了就是這個男孩在哪裡出了問

題。後來他得出結論：這個孩子一定和母親睡在同一張床上。這個結論是如何得出的呢？我們認為，孩子夜晚哭鬧是為了引起母親的注意，如果他就睡在母親身邊，那麼這種行為就沒有了必要。同樣地，尿床也是為了讓母親注意到自己。最後醫生的結論得到了證實：這個男孩確實與母親同睡一張床。

如果仔細觀察我們會發現，把心理學家留意的小細節連在一起就組成了生活計畫的一部分。因此，當我們看見了目標，我們就能得出很多結論（在關於孩子的案例中，這種目標往往與母親相關）。透過這種方式，我們可以簡單地判斷一個孩子是否存在智力缺陷，因為一個智力低下的孩子是無法制定如此聰明的生活計畫的。

現在我們來說說不同人持有的不同心態。有的人好勝心強，有些人則相反，總是輕言放棄。然而，我們未曾見過一個真正願意捨棄的人。這不可能發生，因為它超越了人性，但如果有人身上正發生著這樣的事，那就表示對他來說繼續堅持的掙扎比放棄一切的痛苦更為煎熬。

有這樣一種類型的孩子特別容易放棄。他通常是家庭的焦點，每個人都關心他，為他助力，給他忠告。他的生活必須要有別人的支持。這就是他的優越目標 —— 他用這種方式釋放了支配他人的慾望。就像我們已經說過的，這樣的優越目標是自卑情結的結果。如果他沒有對自己的能力產生懷

疑，他不會選擇這種簡單的方式來獲得成就感。

這裡一個十七歲男孩的案例能夠幫助我們理解這一點。他是家裡最大的孩子，我們已經知道，當另一個孩子降生後，老大通常會經歷一場悲劇，他的地位受到動搖，他不再是家庭情感彙集的中心。這個男孩便是如此，他消沉而易怒，也沒有工作。有一天他企圖自殺。後來他向醫生求助，他解釋說，在自殺前他做了一個夢，夢見自己開槍射殺了父親。我們看到一個人再怎麼沮喪、低迷、懶得動彈，總還會有各種可能、各種動作出現在他的腦海裡。我們也看到，所有看上去懶於學業的孩子和遊手好閒的成年人都有可能正在危險的邊緣徘徊。

通常這種懈怠只是表面現象，其他事情會緊隨其後，比如精神官能症狀、精神錯亂，甚至自殺。要明確這些人的心態，有時會是一項艱鉅的科學任務。

害羞是另一件充滿危險的事情。覥腆的孩子必須被認真對待，我們要想辦法讓他改掉膽小的狀況，否則那會影響他的一生。如果他無法做出改變，生活的困難會源源不斷向他襲來，因為我們建造的文化就是這樣，只有勇敢的人才能取得滿意的結果，才能占據生活的優勢。如果一個人充滿勇氣卻遭受挫折，他不會受到太大的傷害；但對於一個膽怯的人來說，前方的困難剛一出現，他就會逃進沒有意義的生活之

中。這樣的孩子在長大後很可能患上精神官能症或變得精神失常。

我們看到，這樣人的周身總是環繞著一種卑微的氛圍，當與別人在一起時，他們或期期艾艾，或噤若寒蟬，或索性退避三舍。我們所描述的性格特徵是一種心理態度，它們不是天生的，

也不是遺傳的，它們只是對情境做出的一系列反應。既定性格是一個人的生活風格對所面臨的一系列問題的解答。當然，這些回答來自童年的種種經歷，其中也包括犯過的錯誤，因而它們並非總是合乎邏輯。

相比正常人群，我們在兒童或異常人群中更能看到這些態度的作用以及它們的形成過程。正如我們所見，原型階段的生活風格要比後期所顯現的更為清晰、易於理解。事實上，我們在理解原型的作用時，可以參照未成熟的果實，它們吸收外界的一切 ── 肥料、水、空氣，所有這些都在其成長的過程中被充分汲取。原型與生活風格之間的差別就如同青果與熟果。人類在其尚未成熟的階段更容易被剖析和檢視，而這時所揭示的卻能在相當程度上適用於成熟後的階段。

例如，我們會發現一個從小懦弱的孩子會在他的一切態

度中表達這種庸懦無能。懦弱的孩子與好勇善鬥的孩子似乎站在了截然不同的世界中，好鬥的孩子總是具備一定的勇氣，而這也是一種常識。然而在某種情況下，一個懦弱的孩子也會表現得像一個英雄，這通常發生在他有意爭取第一的位置時。這一點在一個不會游泳的男孩身上得到了清楚的展現。一天，其他男孩要去游泳，男孩在他們的邀請下也加入了同行的行列。水池很深，而這個男孩並不會游泳，他差點就溺水了。這當然不是真正的勇氣，這些只能展現生活中毫無意義的一面。這個男孩只是做了一件他以為能讓別人欽佩的事情，他無視自己的危險，最終只能寄希望於別人的救助。

　　勇氣和膽怯的問題與人在心理上對宿命的信仰密切相關。對宿命的信仰影響了我們採取有益行動的能力。對充滿了優越感的人來說，他們往往覺得自己有能力完成一切使命，他們覺得自己什麼都知道，因而什麼都不想學。我們都知道這樣的想法會導致什麼樣的結果。在學校，有這種思維方式的孩子，他們的成績通常不理想。還有一些人總是想嘗試最危險的事，他們覺得自己不會發生任何意外，挫敗不會找到他們頭上，而結果往往與其預判相左。

　　在這些人中，我們隱約能嗅到這種宿命感，無論其他人遭遇什麼不測，他們都能安然度過。比如，他們可能曾親臨

過某次嚴重的交通意外而倖存了下來。結果這讓他們覺得，自己注定為達到更高的目標而生。曾經有一個男人秉持這種觀念，但當他經歷過一次事與願違後，他喪失了勇氣，整日心灰意冷、鬱鬱寡歡，他最重要的精神支柱消失了。

當被問及早期記憶時，他訴說了一段至關重要的經歷。他說，有一天他打算去維也納的一家劇院看演出，但在此之前他必須先去辦另一件事。當他終於來到劇院時，發現劇院早已因意外燒毀殆盡，但他卻活了下來。我們完全可以理解這樣的人為何會感到有更重要的使命等待自己。他的生活也一切順遂，直到有一天與妻子關係破裂，他因此崩潰了。

對宿命論的信仰會產生多重要的影響，我們還可以花很大的篇幅討論。它影響了整個人類和文明，也滲透進每個個體，但在這裡我們只想指出它與心理活動的產生、與生活風格的形成之間的內在連繫。很多時候，對宿命的信仰是怯懦者對成功前所必須付出的努力的逃避，是他們不願從事有意義的活動的託詞。正因如此，這種支撐沒有實際意義。

另外一種基本的心態影響著我們與同伴之間的關係，那就是嫉妒。嫉妒是一種自卑的訊號。誠然，在每個人的內心中一定都為嫉妒留有一席之地。少量的嫉妒不僅沒有傷害，還是很常見的。然而，我們必須要讓這種嫉妒具有意義，它的存在應當促進我們的工作，在我們堅持生活和面對問題時

發揮作用。這種情況下的嫉妒不是毫無益處的，我們應該原諒存在於每個人心中的這一點點的嫉妒。

但是，妒忌這種心態更難解決，也更加危險，因為它沒有任何用處。沒有一條路能讓一個人的妒忌心發揮作用。(此外，在妒忌中我們看到了強烈而深刻的自卑感。善妒者唯恐自己無法留住伴侶，每次他想用某種方式影響伴侶時，他妒忌的神情都會讓自己的弱點暴露無遺。如果我們深入這類人的原型中去觀察，我們會察覺到一種萎縮的感覺。事實上，每當我們遇到善妒的人時，最好回顧一下他們的過去，看看我們面對的是否是一個曾遭遇剝奪並預感著同樣的事還會再次發生的人。)

聊過了一般意義上的嫉妒和妒忌，現在我們將思考一種特殊形式的嫉妒 —— 女性對男性所擁有的優越社會地位。我們發現有很多女性想成為男性。這種態度很容易理解，如果我們秉持公正的態度看待事物，就會發現在我們的文化中，男性總是處於領先地位；相對女性，他們更容易得到讚賞、重視和尊重。從道義上講，這些都是不正確的，應當予以改正。

如今，女孩子們發現，家庭中的男性成員比她們生活得更舒適，他們不必為各種瑣事而煩惱。她們發現男性在各方面都更加自由，這種優越地位使女孩子們對自己的性別角色

感到了不滿。於是她們嘗試著讓自己表現得更像一個男孩。這種對男生的模仿會以各種形式呈現。例如，我們看到她們試圖在穿著上更男性化，這有時會得到父母的支持，因為男孩的衣服確實更加舒適。現在我們知道許多行為是有益處的，不必打擊。但也有一些態度顯得毫無意義，比如有的女孩不願意別人喊她自己的名字，而希望被以男性的名字稱呼。如果別人沒用她們挑選的男性名字稱呼她們，這些女孩會非常生氣。這種態度十分危險，它可不只是一個玩笑，而是反映了隱藏於表面之下更深層的東西。這會在她們今後的人生中表現為對自身性別角色的不滿，甚至有可能對婚姻、對女性產生厭惡。

我們不應因女性穿著短裝而對其百般挑剔，因為這是一種優勢。在許多方面，她們也可以像男性一樣發展，像男性一樣擁有一份職業。但如果這一切是出於對女性角色的不滿，並試圖沾染男性的惡習時，情況就變得非常危險了。

這種危險的傾向在青少年時期就會嶄露頭角，因為正是在那時，原型開始受到荼毒。女孩尚未成熟的思想開始妒忌男孩的特權，其外在反應是對男孩的模仿。現在看來這是一種優越情結 —— 是對恰當的成長路徑的逃避。

正如我們所說，這將導致對婚戀的極大反感。但這並不意味著有這種傾向的女孩不想結婚，因為在我們的文化中，

不結婚也會被視為一種失敗的象徵。所以即使對婚姻毫無興趣的女孩也可能會想要結婚。

　　一個相信兩性關係的規範應是建立在平等原則基礎上的人，不應鼓勵女性這種「男性化抗議（masculineprotest）」。性別的平等應當適應自然法則，而這種男性化抗議是對現實的盲目反抗，故而應被視作一種優越情結。事實上，透過這種男性化抗議，女性的性功能也許會受到干擾和影響，一些嚴重的症狀甚至可能會由此產生。如果追溯過往，我們會發現這些症狀在童年時期就已經有跡可循。

　　雖然不像女孩的男性化傾向那樣頻繁發生，我們還是會遇到一些男孩想成為女孩。他們的模仿對象不是普通的女孩，而是那些以誇張的方式打情罵俏的女孩。這類男孩撲粉、戴花兒，舉手投足活脫脫像一個輕浮女孩。我們認為這也是一種優越情結的表現形式。

　　我們發現，在許多這樣的案例中，男孩成長在一個以女性為頭目的環境中，因此男孩在成長的過程中傾向選擇模仿母親的特徵而不是父親。

　　有一個男孩因為一些性相關的困擾前來諮詢。他談到自己總是和母親形影不離，而父親在家中幾乎沒有存在感。他的母親在結婚前曾是一個裁縫，婚後也繼續從事著相關的職

業。由於男孩總是黏在母親身邊，他對媽媽所做的事情也開始感到有趣。他開始給女士們縫衣服、畫圖樣……我們可以從這樣一個事實中看出他多麼喜歡母親：他四歲時就學會了辨別時間，因為他的母親總是四點出門五點回家，對見到母親回家的那一瞬喜悅的盼望促使他學會了看鐘。

長大一些後，他來到學校，行為舉止總像個女孩。他既不運動也不參加比賽，男孩們取笑他，有時他們甚至會親吻他，就像在其他類似案例中會出現的情況那樣。有一天，他們需要上演一齣戲劇，與我們所想的一樣，這個男孩扮演了一個女孩。他表演得非常出色，以至於許多觀眾真的以為他就是個女孩子，甚至有個觀眾還愛上了他。這時候男孩發現，雖然他作為男人時得不到欣賞，但作為女人時就能得到許多讚美。這應該就是他後來遇到的性問題的開端。

第七章
夢及其解析

正如在本書的許多內容中已經解釋過的那樣，對個體心理學來說，意識與無意識共同形成了一個整體。在第五章和第六章中，我們已從整體角度出發，闡釋了個體的意識部分──記憶、態度、動作。現在我們將運用同樣的方法來講解一下我們的無意識或半意識生活──我們夢中的生活。這種方法的適用性在於，我們的夢如同清醒時的生活一樣，都是構成整體的一部分，不多也不少。其他心理學流派的追隨者們一直在試圖從新的角度探尋關於夢的新的觀點，但是我們對於夢的理解，與理解以表情、動作等為表現的所有心理組成部分一樣，循著同一條路線進行。

如我們所見，清醒時的生活由我們的優越目標所決定，由此及彼，決定夢的也是我們每個人的優越目標。夢一直是生活風格的一部分，並且我們發現，夢之中常常包含著原型。事實上，只有當你看到原型如何與一個特定的夢相互關聯時，你才能確定自己真正地理解了那個夢。同樣地，如果你十分了解一個人，你幾乎能很容易地猜到他在夢中所表現的特質。

我們知道人類常常是懦弱的。基於這樣的了解，我們可以推測，絕大部分的夢都關於恐懼、危險或焦慮。因此，如果我們了解一個人，知道他的目標是逃避解決生活中的問題，我們便可以猜測他常常夢到從高處跌落。這樣的夢就像

在對他發出警告：「不要再繼續了，你會遭遇挫敗的。」他用跌落這種方式來表達自己對未來的看法。大多數人都曾做過這種關於墜落的夢。

有這樣一個具體的事例，講述了一個學生在考試前夕的狀況。他是一個做事喜歡半途而廢的人，我們可以以此來猜測他將會發生什麼。他會整日憂心忡忡，無法集中精神，最後他可能會告訴自己：「時間太少了。」他會因為想要推遲參加考試而做關於墜落的夢。這表達了他的生活風格，因為要達成自己的目的，他必須讓自己的夢以這種方式呈現。

另外一個例子的主角是一位在學業上取得了進步的學生，他勇敢而無所畏懼，從不耍小聰明。我們也能對他的夢進行猜測。考試前，他會夢到自己爬上一座高山，陶醉於山頂的景色，而後從夢裡醒來。這是他對當前生活的一種表達，我們可以看到這個夢如何反映了他對成就的預期。

還有一個人，他總是受到束縛，他的前進步伐總是在到達某一點後戛然而止。像這樣的人，他的夢常常與限制或逃不開的人群與困難相關，比如他會夢到自己被人追殺。

在我們繼續探討下一種類型的夢之前，不妨先提一下一種特殊情況。有人會說：「我無法告訴你我夢見了什麼，因為我都記不得了。但我可以給你編一些。」心理學家在聽到這

些時不會感到失望，因為心理學家知道，他的幻想所能夠創造的東西，一定局限在其生活風格所給定的範圍之內。他所編製的夢就和真實記憶中的夢一樣，因為他的想像和幻想依舊是生活風格的外在表達。幻想不必為了表達一個人的生活風格而對他的真實行為照搬全抄。例如，我們發現，比起真實生活，有一種人更多地活在幻想之中。這類人在白天表現得十分懦弱，但在夢中卻英勇無比。但我們總能尋到種種跡象，看出他不想完成自己的工作。即使他在夢中表現得很勇敢，這些痕跡依然十分明顯。

做夢的目的總是指向優越目標，也就是說，夢為個體實現超越的目標鋪設了道路。一個人的所有動作和夢都是一種訓練形式，為了使他找到支配著他的人生的目標——這個目標或是成為焦點，或是支配他人，抑或是尋求逃避。

做夢的目的既不是進行邏輯性的表達也不是進行真實性的表達。夢的存在是為了創造一種特定的情感、心境或情緒，我們幾乎不可能完全解開它的謎團。但它與現實生活只在程度上有所不同，而沒有本質性的區別。我們看到，心靈對生活問題的回應都與個體的生活基模相關，雖然我們的社交是為了使它們越來越符合這種目標，但它們不適用於預先設定的邏輯框架。一旦我們捨棄了現實生活中的絕對性觀點，夢境中的生活也就失去了它的神祕感。它是現實生活的

延伸，進一步表達了我們在清醒時所發現的現實與情緒的相對性和融合性。

在遠古時期，夢對人類而言總是那麼神祕，那時的人們總是把它當作預言來解讀，夢被認為是對未來事件的預言。這只答對了一半。夢確實是一座橋梁，連線著夢的主人所遭遇的問題以及他所要成就的目標。這種情況下，夢境常常成真，因為做夢者會在夢中對自己勤加訓練，為實現目標做好準備。

另一種說法是，夢中揭示的事物的關聯性與人清醒時所能洞察的如出一轍。如果一個人熱切而智慧，那麼無論他分析的是自己所處的現實還是夢境中的生活，他都能預見自己的未來。他所做的就是檢視。例如，如果有人夢見相識之人死去，而這個人也確實過世了，這種預見可能不比一個醫生或親屬的說法更有優勢。做夢者所做的只是將思考放在了睡眠時進行，而不是在清醒的時候。

用預言性的觀點看待夢，是因為它包含了一半的特定事實，但這仍是一種迷信。對這種觀點緊守不放的人，往往對其他的迷信也深信不疑。否則，它的擁護者一定是那些希望透過建立先知的形象而尋求自身重要性的人們。

為了消除關於夢的預言性的迷信以及環繞其周圍的神祕

氣息，我們必須對為何大多數人類不理解自己的夢這一問題
做出解釋。我們大約能在這樣的事實中窺得一二，那就是即
使在清醒時，也很少有人能認清自己。人們大多缺乏自我分
析的反思能力以看清自己的目標所在；而正如我們所說，夢
比現實行為更晦澀，對夢的分析也因而比現實更為複雜。夢
的內涵讓人感到一片茫然，難怪人們會傾向於求助怪力亂神
之說。

　　為了更容易理解夢的邏輯，也許我們不應該直接把它與
現實生活中的行為進行比較，而是要與前幾章中我們所描繪
過的局限於個人智慧的現象加以連繫。讀者應該還記得我們
怎樣描述了罪犯、問題兒童和精神官能症患者們的態度 ——
他們如何透過創造某種感覺、心境或情緒來說服自己相信某
一個既定的事實。比如，一個殺人犯會這樣為自己辯護：「生
活沒有為這個人留下立足之地，所以我才殺了他。」他不斷在
自己的腦海中強化這種觀點，說服自己地球上已經沒有足夠
的地方了，他透過創造這種感覺讓自己為謀殺做好了準備。

　　這樣的人也可能把別人有一條漂亮的褲子而自己沒有當
作一種理由。他把諸如此類的事小題大做，而後產生嫉妒
心。他的優越目標變成了擁有一條漂亮褲子，於是我們發
現，他會在夢中創設一種特定的情緒引導他達成這一目標。
事實上，有一些著名的夢能為我們說明這一情況。比如《聖

經》中的約瑟之夢。現在我們可以看到這個夢與〈約瑟的彩衣〉整個章節高度契合，也應該明白約瑟被兄弟們放逐的原因。

另一個著名的夢來自希臘詩人西蒙尼德斯，他受邀去小亞細亞講學。船已經在港口等他，而他卻還在猶豫不決地想推遲整個行程。他的朋友想勸他下定決心，但沒有成功。而後他做了一個夢，他夢見有個人來找他，而這個人正是自己曾在森林中見過的一具屍體，這位死者對他說：「森林中，我看到了你的虔誠和對我的關心，因此我現在來警告你，不要去小亞細亞。」西蒙尼德斯突然起身說：「我不會去的。」但其實他在做夢之前就已經傾向於這麼做了。他僅僅只是創造了某種感覺或情緒來支持早已在心中決定了的答案，儘管他並不理解自己的夢。

如果明白了這一點，一切都變得顯而易見，人們創造了某種幻想，目的是產生一種預期的感覺或情緒來欺騙自己。通常情況下，被記憶捕獲的夢都是關乎於此。

西蒙尼德斯的夢引發了我們對另一個問題的思考。釋夢有哪些步驟呢？首先，我們要記住，夢是一個人創造力的一部分。西蒙尼德斯在夢中透過幻想建立了一段前因後果，在其中他選用了遇見「亡者」這一事件。為什麼這位詩人在諸多的人生經驗中唯獨挑選了與死者相遇的這段經歷？顯然是因

為他對死亡這一想法尤其關注，他一想到坐船出海就感到害怕。在那個時代，海上航行代表了名副其實的危險，因此他遲疑了。這是一種跡象，說明他可能不僅擔心暈船，更害怕船會在半途沉沒。由於對死亡憂心忡忡，他的夢選擇了「亡者」這段人生插曲。

如果我們以這種方式來思考夢，那麼釋夢的任務也就沒有那麼困難了。我們需要記住，對影像、記憶和幻想的選擇都暗示了思維流動的方向。它指明了做夢者的傾向，沿著這條線，我們最終可以看見他的心之所向。

比如，讓我們來思考一下某個已婚男人的夢境。他對自己的家庭生活感到不滿意。他有兩個孩子，但他常常擔心妻子沒有好好照顧他們，覺得妻子總被其他的事情吸引。他為此常常指責妻子並試圖改造她。有一天，他夢到自己有了第三個孩子，這個孩子走失了，找不到了，於是他責備妻子沒能照看好孩子。

從這裡我們可以看到他的傾向：他的頭腦中一直縈繞著這種想法，認為他其中一個孩子可能會走失，但他沒有勇氣想像任何一個孩子的失蹤，於是他邀請了第三個孩子在夢中扮演了走失的角色。

另一點需要觀察到的是，他很愛自己的孩子，不想失去

他們。同時，他還意識到妻子照顧兩個孩子已經負擔過重，因而無法承擔第三個孩子，第三個孩子是活不下來的。於是，在解讀時，我們又看到了這個夢的另一面，那就是：「我該再要一個孩子嗎？」這個夢的真正效果是，他為自己創造了對妻子的敵對情緒。

沒有孩子真的走失，但他一早起床卻氣急敗壞，對妻子橫加指責。這樣的人常常因夢中創造的情緒而變得無理取鬧、吹毛求疵。這與我們在憂鬱症中發現的情況別無二致，好像酒精中毒一樣，患者會用挫折、死亡和失去的一切把自己灌醉。

我們也可以看到這個男人選取了一些能讓自己感到優越的事件，例如表現出一種感覺：我關心孩子，但我的妻子做不到，所以孩子才會走丟。因此，他的夢還揭示了他的支配欲。

現代社會對夢的解析大約經歷了二十五年的歷史。夢的解讀最初從佛洛伊德開始，他把夢看作嬰兒性慾的滿足。我們不認同這一點，因為如果夢是這樣一種滿足，那麼每件事都能被表達為某種形式的滿足。如果每一種想法都是這樣從潛意識的深處走到了意識層面，那麼性滿足的公式並未做出任何特別的解釋。

後來，佛洛伊德又提出，夢與死的慾望相關。但可以肯定的是，我們剛剛提到的那個夢無法以這種方式給出很好的解釋，因為我們總不能說這位父親希望看到孩子的走失和死去。

事實上，除了我們討論過的關於精神生活的統一以及夢境中的情感特徵等一般性假設，並沒有一種具體的公式能用來解釋夢。這種情感特徵及其自我欺騙的結果，是由一個主題衍生出的多種變體，它因此表現在對類比和隱喻的關注之中。對類比的應用是自欺欺人的最佳方法之一。因為我們幾乎可以肯定，如果一個人總在使用類比，那麼他一定對用事實和邏輯來說服別人沒有信心。他想透過毫無意義的牽強類比來對別人產生影響。

甚至詩人也總是欺騙我們，但我們卻開心地享受著由他們詩中的隱喻和類比帶來的愉悅。然而，有一點可以肯定，這些作品對我們的影響遠遠大於普通的文字所產生的效果。舉個例子，當荷馬說起一隊希臘士兵像雄獅一樣征服了一片土地的時候，倘若我們認真思考就不會被這一比喻所欺騙，但當我們處在詩意的心情中時，我們必定會沉醉其中。作者讓我們相信他擁有非同尋常的能力，而如果他只是描繪了士兵的穿著和手持的兵器，他便無法做到這一點。

在一個有解釋困難的人身上我們也看到了相同的情況：

如果他發現自己說服不了你，他就會開始使用類比。這種對類比的使用，正如我們已經說過的，是一種自我欺騙。這就是為什麼夢裡所選取的影像和畫面會呈現出如此明顯的特徵，因為這是一種灌醉自己的藝術手法。

奇怪的是，夢在情感上的迷惑性為人們提供了一種阻止做夢的方法。如果一個人理解了他所夢見的內容，並且意識到他只是在自我麻痹，他便會停止做夢。對他來說，夢已經沒有任何目的了。

至少對筆者而言確實如此，他一旦意識到了夢境的意義，夢便不再出現。

順帶說一句，要想有效地實現這一點，必須具備徹底的情緒轉換。就作者而言，他在上一個夢中做到了這一點。這個夢發生在戰爭期間。連繫到他的職責，他當時正盡力避免某一個人被派往危險的前線。夢裡，他突然想起自己殺了某個人，但他不知道那是誰。這時他陷入了糟糕的狀態，他不斷思索著：「我殺了誰？」事實上，他只是醉心於盡最大可能為那個士兵安排一個有利的職位，從而避免他去送死。夢中的情緒就是為了傳達這一想法，當他明白了夢的詭計時，夢本身也被完全捨棄了，因為他不再需要為了讓自己做那些在邏輯上可做可不做的事而欺騙自己。

　　我們說的這些也許能用來回答一個常被問到的問題：「為什麼有些人從來不做夢？」這些人往往都不想欺騙自己。他們信奉行動和邏輯，願意面對問題。做夢對他們來說如同過眼雲煙，轉瞬即逝。他們忘得太快了，甚至會堅信自己沒有做夢。

　　這就提出了一個理論，即我們常常做夢，但大多數的夢都被我們所遺忘。如果我們接受了這樣一種理論，那麼我們將用另外一種說法來解釋所謂從不做夢的事實：那些聲稱自己從不做夢的人只是忘得比較快而已。筆者不太接受這一理論，而更願意相信有人從不做夢，也有人有時會忘記自己的夢。由於這一理論的性質所限，我們很難證偽，但也許理論的提出者應當承擔起自證的重任。

　　為什麼我們會反覆做同一個夢？對這種奇妙的現象我們難以給出確切的解釋。然而，在這些反覆出現的夢中，我們可以發現生活風格在其中更為清晰的表達。這類重複的夢為我們明確無誤地指明了個人的優越目標所在。

　　一些夢延綿而冗長，我們要相信這時的做夢者並沒有完全做好準備。他正在摸索從問題通往目標的橋梁。因此，簡短的夢是最有利於理解的。有時一個夢只包含了一幅畫面、幾句話語，這表示做夢的人在試圖尋找一條自我欺騙的捷徑。

最後我們可以以睡眠問題結束本次討論。許多人會問自己關於睡眠的問題，而這些問題往往毫無必要。在他們的印象中，睡眠與清醒是兩種全然相反的存在，認為睡眠就是「死亡的兄弟」，但這樣的認知是錯誤的。睡眠與清醒並不矛盾，它們只是清醒的程度不同。在睡眠中，我們並沒有脫離生活。相反，睡著的我們仍在思考、傾聽。我們在睡著時表現出的傾向與清醒時大致相同。

　　因此，有些母親在熟睡時能對大街上的噪聲不為所動，而只要孩子稍稍動了一下，她們會立刻從床上跳起來。從中我們看到，她們的興趣點一直醒著。而我們在睡覺時不會從床上跌落這一事實同樣說明了，即使在睡眠狀態，我們也能意識到界限的所在。

　　完整的人格是由白天與夜晚共同表達的，這可以用來解釋催眠現象。人們對催眠的迷信賦予了它無比神奇的力量，而實際上，這不過是一種睡眠罷了。但是，當一個人希望服從另一個，同時知道後者想讓他進入睡眠時，有些事情就發生了轉變。有一種我們熟知的簡單場景與此類似，那就是在父母說「夠了，快睡覺吧！」之後，孩子們會乖乖地上床。催眠也是一樣，它之所以能發揮作用便是由於其中的服從。一個人服從意願的程度也決定了他是否易於催眠。

　　在催眠中，我們有機會使被催眠者構想出一些影像、觀

點、記憶，這些在其清醒時可能會因顧慮而被遏制。催眠的唯一要求就是服從，透過這一方法我們會找到一些解決途徑 —— 比如可能已經被我們遺忘許久的早期記憶。

然而，催眠作為一種治療手法有一定的危險性。筆者並不喜歡催眠，並且只在患者不信任其他任何方法的情況下才會使用。

我們會發現，被催眠的人會變得更容易反覆。一開始他們克服了困難，但他們並沒有真正地改變生活風格。這就好像是一種藥物或機械的手段，它並沒有觸及人們的本性。如果真心想要幫助一個人，我們必須做的是給他勇氣、自信，並讓他更容易理解自身的錯誤。而催眠做不到這一點，因此只能在極少數的情況下使用。

第八章
問題兒童及其教育

我們應當如何教育孩子？這也許是我們當前社會生活中最重要的話題。個體心理學對這個問題有著頗多的建樹。無論家庭教育還是學校教育，它們都是一種培養和指引個體人格發展的嘗試。因此，心理科學是確保教育技術合理性的必要基礎，如果我們願意，或許還可以把所有的教育視作生活心理學這門龐大藝術的分支。

讓我們從一些準備工作開始。教育最普遍的原則是與個體日後即將面對的生活保持一致。這意味著它必須與社會理想相一致。如果我們不站在社會理想的角度教育孩子，那麼這些孩子可能會在今後的生活中遭遇很多困難，他們會對社會成員的角色感到不適應。

我們當然知道，社會理想是會改變的──它們可能在一次革命後突然轉變，也可能隨著發展的過程而逐漸演變。但這只表示教育者應當心懷一種更為寬廣的理想。這種理想應當永遠能找到自己的立足之地，教導個人適當地進行自我調適，以適應不斷變化的環境。

學校與社會理想的連繫毫無疑問來自其與政府的連繫。正是政府的影響才使社會理想在學校系統中得以呈現。政府無暇直接插手父母管教或家庭生活，但它可以將學校置於其監督之下。

縱觀歷史，不同時期的學校反映了不同的理念。在歐洲，學校最初是由貴族家庭所設，這些學校在精神上就展現了貴族性，其教員也來自貴族階層。後來，學校被教會接管，於是它們變成了宗教性質的學校，只有牧師才能執教。再後來，國家對知識的需求逐漸增長，更龐大的學科需求和教師需求超出了教會的供給能力，於是牧師、教士等神職人員之外的人們也開始進入這個行業。

　　以前，教師並不是一種專門的職業。他們往往同時從事其他行業，比如鞋匠、裁縫等。很明顯，那時的他們只懂得用棍棒教育。他們所在的學校並不是那種能為孩子們解決心理問題的學校。

　　現代教育精神的開端要追溯到歐洲的裴斯泰洛齊時代。裴斯泰洛齊作為教師，第一次看到了在棍棒與懲罰之外，還存在著其他的教育方法。

　　裴斯泰洛齊的觀點對我們很有借鑑意義，因為他闡明了學校教學方法的重要性。用對了方法，每一個孩子（除非有智力缺陷）都能學會閱讀、寫作、唱歌和算術。我們不能說自己已經找到了要領法門，因為它們永遠處在發展的過程中。正因為如此，我們一直在探索著更新、更好的方法。

　　回到歐洲學校發展的歷史之前，有一點需要指出，隨著

技術的發展，社會對具備一定工作技能的工人的需求大大增加，這些工人被要求會讀寫、會計算，能獨立完成工作而不需要經常性的指導。這時出現了「讓每個孩子都上學」的標語。如今，每個孩子都必須上學，正是經濟生活的條件以及由此反映的社會理想促成了這種發展。

過去在歐洲，只有貴族才具有影響力，社會職位只有官員和勞工之分。更高等的學校只為更高職業需求的人準備，而其他人則根本不必上學。教育體系反映了當時的國家意志。如今的學校體制回應了國家各式各樣的發展理念。我們的學校再也不會一味地強制要求統一坐姿、鴉雀無聲的課堂了。在現在的學校中，孩子們是老師的朋友，他們不再受權威強迫，不再被要求唯命是從，而是獲得了更多獨立發展的空間。這樣的學校在宣揚民主的美國有很多，因為學校總是與以政府制度為展現的國家理想一同發展的。

正如我們所見，由於起源與組織形式，學校的體制與國家、社會的理想是有機連繫的，但心理學的觀點為它們創造了一個作為教育機構的重大優勢。從心理學角度出發，教育的首要目標是社會適應。現在，相對於家庭，學校能更好地為每個孩子的社交能力發展提供指導，因為學校的要求更接近國家需求，對孩子的評價也更為獨立。學校不會溺愛孩子，它們通常能秉持更加公正的態度。

另外，家庭的氛圍並不總是充斥著社會理想，更多的情況下，傳統觀念才是占主導地位的那一方。只有父母本身的社會適應良好，同時理解教育的目標必須是社會化的時候，家庭教育才能在這方面有所進展。無論家長從何處知曉這些，我們會發現這類家庭中的孩子都能受到正確的教育，為上學做好準備，就像他們在學校裡為自己今後的人生定位做好了相宜的準備一樣。這應該是孩子從家庭經由學校走向社會的理想發展路徑。

　　我們從前文的論述中已經知道，孩子的生活風格在其四五歲後已經基本定型，並且難以直接改變。這為現代學校的發展指明了道路——批評和懲罰不可取，塑造和教育才應被鼓勵，學校應當盡可能發展學生的社會興趣。現代學校不能總是墨守成規地走壓制和審查的老路，而要著眼於每個學生的具體問題並嘗試理解和解決。

　　在一個家庭中，親子之間的關係如此緊密，以至於很難要求父母將孩子的教育指向社會，他們更願意出於自己的考慮而實施教育，這可能會讓孩子在面臨今後的生活境遇時感受到衝突。這樣的孩子注定會遇到許多困難。進入學校時，他們已經感受到了一些艱難處境，而更多問題還會在他們離開學校後一一出現。

　　為了避免這種情況發生，家長當然有必要接受教育。但

這通常不容易做到，因為我們不能總像對待孩子那樣事事插手成年人的行為。甚至在與家長交流後，我們會發現他們對所謂的社會理想並不在意。他們固守於傳統之中，不想對此做更多的了解。

面對家長，我們可以做的不多，於是我們只能滿足於將自己的理念傳播到更多的地方。而最佳目標便是學校，因為首先學校是大量兒童集聚的場所；其次，相對家庭，生活風格的錯誤在學校更容易顯現；最後，教師應該是能夠理解兒童問題的人。

正常的孩子不在我們的考慮範圍內，我們的研究不會觸碰他們。對待那些得到充分發展且社會適應良好的孩子，最好的辦法就是不去管束。他們應該走自己的路，因為這樣的孩子在建立優越感的過程中，依靠的是尋找有意義的生活目標。他們的優越感處在有益的生活面，正因如此並不屬於優越情結。

而在問題兒童、精神官能症患者、罪犯等身上，他們的優越感和自卑感都存在於無意義的那一面。他們表現出的優越情結其實是其自卑情結的補償。正如我們已經說明的，自卑感存在於每個人類當中，但這種情感只有在使人們受挫並刺激個人朝向無益的生活發展時，才變成了自卑情結。

所有這些自卑與優越問題都根植於兒童進入學校前的那一段家庭生活。正是在這一時期，兒童建立了他的生活風格，為了與成人的生活風格相區別，我們稱其為原型。原型是青果，就像所有未成熟的果實一樣，如果這時它遭遇了某些問題，比如受到蟲害，那麼隨著它的成長與成熟，侵蝕它的害蟲也在生長。

　　如我們所見，蟲害或困難往往由機體的缺陷造成。生理功能的不健全通常都是自卑感形成的根源。在這裡，我們要再次重申，並不是生理的缺陷導致了問題的產生，而是其帶來的社會適應失調造成了這種結果。這為教育的涉足提供了機會，教育能訓練一個人適應生理上的缺陷、適應社會，使弱勢不再是一種負債，而慢慢成為成長的資本。因為我們知道，一種生理的缺陷可能成為某種顯著興趣的發端和本源，透過訓練，這種興趣甚至可以支撐當事人的整個人生，只要它順著有益的方向流淌，便可能對個人產生重大的意義。

　　這一切都取決於生理困境在進行社會調適時所採用的方法。因此對於一個只想看或只想聽的兒童來說，教師需要調動起他們應用所有感官的興趣，否則，這些學生就會與其他孩子格格不入。我們對左撇子兒童的成長案例已頗為熟悉。一般來說，他周圍的人都不會意識到這個孩子是左撇子，更不會想到這就是他看上去笨手笨腳的原因。由於左撇子的事

實，他常常與家庭成員發生不睦。我們發現，這些孩子要麼變得激進好鬥（這是一種優勢），要麼變得沮喪而易怒。當這些孩子帶著他們的問題來到學校時，他們不是表現得處處好勝，就是低迷、易怒、缺乏勇氣。

除了生理不健全的孩子，嬌慣成性的孩子在開始上學後也會出現諸多問題。按照如今學校的組織形式，要使一個孩子總是成為關注的焦點基本不可能實現。偶爾，有些老師可能特別善良心軟而對一個孩子關愛有加，但隨著孩子從低年級升到高年級，他就會失去原來的有利位置。而這個孩子後來的生活甚至可能更加糟糕，因為在我們的文明中，如果一個人沒有實際作為而總是占據關注的中心，這是不會被社會認可的。

所有這些問題兒童都有某些明顯的特徵：他們對生活中的問題感到無法適應；他們野心勃勃，想把一切掌握在自己手裡而不是成為社會的一員；他們總是爭論不休，到處樹敵；他們通常都是懦夫，因為他們對解決生活問題通通不感興趣。面對生活的困難，嬌生慣養的孩子只能茫然失措。

在這些孩子中，我們還發現了另一些特徵，他們很謹慎，常常猶豫不決。面對生活的考驗，他們一再推遲尋找解決的辦法。或者，他們索性在問題前完全停步，分心於無關緊要之事，終而一事無成。

這些特點在學校會表現得比在家時更加明顯。學校生活就像一場酸鹼指示實驗，孩子的問題在這裡得到了凸顯，在學校這張試紙上，他們是否適應社會變得一目了然。在家裡，錯誤的生活風格總是隱藏得很好，而一旦來到學校，它便無所遁形。

無論是被寵壞的孩子，還是生理有所缺陷的孩子，他們都想「排除」生活中的困難，因為內心強烈的自卑感剝奪了他們應對困難的力量。然而，學校給了我們掌控困難的可能，從而使那些麻煩一點點得以解決。學校因而成了真正的教育場所，而不僅僅是給予指導的地方。

除了以上兩種類型，那些被厭惡的孩子也必須在我們的考慮範疇內。被厭惡的孩子通常是醜陋的、易犯錯的、殘疾的，他們往往對社會生活毫無準備。在三種類型的問題兒童之中，校園生活對他們來說也許是最難的。

於是我們看到，不管教師或官員的意願如何，在學校的管理中，對所有這些問題及其最好處理辦法的理解都被納入學校建設的必要環節中。

除了上述這些特殊問題的孩子，還有一些被認為是神童的孩子 —— 他們特別聰明。有時因為在一些學科上遙遙領先，他們很容易在同伴中顯得鶴立雞群。他們敏感而野心勃

勃，往往不太受同伴們的待見。孩子們似乎立刻能感受到群體中的一員是否適應社會，這些神童往往令人欽佩卻不被喜歡。

許多天才兒童還是滿意地過完了學校的生活，對此我們可以理解。但當他們準備進入社會時，他們卻沒有做好充分的準備。三大生活問題——社交、職業與婚戀突然擺在了他們面前，使他們步履維艱。曾經發生在原型形成期的事慢慢浮現，沒能好好適應家庭生活的副作用現在開始顯現。過去在家裡，他們一直處在有利的環境中，這使生活風格中的錯誤沒有機會顯現。但新的情境出現後，那些錯誤便露出了尾巴。

有趣的是，詩人們已經洞悉了其中的連繫。許多詩人和劇作家在他們的作品中描繪了這類人複雜的生活現狀。比如莎士比亞作品中的角色諾森伯蘭。諾森伯蘭一直對他的國王忠心耿耿，直到真正的危險來臨，他卻選擇了背叛。莎士比亞可謂一名心理學大師，他明白，一個人的生活風格只有在極度困難的環境中才會得以凸顯。但困難的環境不是元凶，不是困境造就了生活風格——它早在很久以前就已經形成了。

個體心理學為天才兒童面臨的問題提供的解決方案與其他問題兒童一樣。個體心理學家會說：「事在人為，為者常

成。」這是民主的座右銘，它讓神童走下了雲端。這些神童曾經承受了過多的期待，一路被推著向前，慢慢變得只對自己感興趣。對這句格言的認可會讓聰慧過人的孩子不必自命不凡或雄心勃勃，他們會明白今日的成就是訓練與好運共同作用的結果。如果他們堅持接受良好的訓練，那麼別人能做到的事情他們也一定可以。而對其他天資平平又未曾接受良好的訓練與教育的孩子，如果老師能讓他們明白這個道理，他們也能透過自己的努力取得不錯的結果。後者這樣的孩子可能會喪失勇氣，因此要保護他們，以免其遭受由明顯的自卑感帶來的傷害──我們任何人都無法長時間地忍受這種感覺。這些孩子在入學前沒有遇到過這麼多麻煩，困難壓得他們喘不過氣，他們想辦法曠課或是索性不去上學，這些我們都能理解。他們相信學校不能給他們帶來任何希望，如果這是真的，那我們應該認可其行為的一慣性並承認其合理性。但個體心理學並不接受這樣的觀念，我們不認為他們在學校毫無希望可言。個體心理學相信天生我材必有用。錯誤難以避免，但亡羊尚能補牢，迷途的孩子也定能回歸正途繼續成長。

然而，這些情況往往沒有得到妥善的處理。每當孩子在學校被困難打擊時，母親往往會站在旁觀的位置而表現出焦慮。學校的成績單、孩子受到的批評和指責，這些都被來自

家庭的不良反應進一步擴大。很多時候,一個孩子在家裡乖巧懂事,而到了學校卻表現得慘不忍睹,那是因為在家時他備受寵愛,而一旦與家庭的連繫被切斷,他潛藏的自卑情結就露出了蹤跡。這時,溺愛孩子的母親會被憎恨,因為這個孩子覺得母親欺騙了自己。母親在孩子眼中變得和從前不同了,在新的情境中,她原來的行為和寵愛都被焦慮淹沒,漸漸被孩子遺忘。

我們常常發現,在家裡愛打鬧的孩子常常在學校表現得安靜、平和,甚至有些壓抑。有時,孩子的母親會跑來學校告狀:「這個孩子耗費了我整整一天的時間,他總是打架!」老師卻說:「他總是一動不動地坐一整天,十分安靜。」有的情況則剛好相反,母親會說:「這孩子在家裡又安靜又乖巧。」而老師則說:「他讓我的整節課都毀了。」我們往往比較容易理解後一種情況,這個孩子因為是家庭的關注中心,所以他安靜而謙遜;而在學校裡他不再是焦點,所以他需要競爭。其實還有一種相反的情況。

比如有這樣一個案例,一個八歲的女孩在班級中擔任班長,很受同學們的喜愛,她的父親卻對醫生說:「這孩子太殘酷了,她是個不折不扣的暴君,我們再也忍受不了了。」為什麼會這樣呢?她出生於一個孱弱的家庭,是這個家裡的第一個孩子。只有弱小的家庭才會被一個孩子折磨。當第二個

孩子出生時，這個女孩子感到了危機，她還想如從前那樣被所有人關注，於是她開始抗爭。而在學校時，她頗受賞識，因此沒有必要一爭高低她也能得到很好的發展。

還有些孩子無論在家庭還是在學校都感到困難重重。雙方都對他頗有微詞，進而導致孩子犯錯更為頻繁。一些孩子無論在家裡還是在學校都蓬頭垢面，如果像這樣在兩種環境下表現出一致的行為，那麼我們必須從過去發生的事件中尋找原因。無論如何，孩子的家庭行為和學校行為都必須為我們時刻關注，以便對孩子的問題做出判斷。要正確地理解生活風格及其行為指向，每一環節對我們而言都不容忽視。

有時，一個適應力相當好的孩子在進入新的學校環境時，也會表現出不適應。這種事往往發生在學校老師和同學都不友好的情況下。以歐洲經驗為例，一個非貴族兒童因為父母的富有和驕傲，被送到了貴族學校唸書。由於他沒有出生在一個貴族家庭，同伴們紛紛排斥他。這個孩子也許曾被百般寵愛，就算不然也至少過著舒適的生活，而突然間，他發現週遭的氛圍變得對他敵對起來。有時同伴們的殘忍對待真的會令一個孩子難以承受。在大多數的案例中，這樣的孩子會選擇對家人緘口不言，因為他們為此感到羞愧。他只能在沉默中忍受這種可怕的折磨。

通常，當這些孩子到了十六或十八歲，當他們必須表現

得像成年人一樣，必須面對社會的種種考驗時，他們會突然停下前進的腳步，因為他們丟失了勇氣和希望。伴隨著社交障礙，戀愛與婚姻的障礙也相繼而至，因為他們無法繼續。面對這些案例，我們可以做些什麼？他們的能量無處宣洩，他們成了孤島，他們感到被整個世界放逐。一種人想透過傷害自己去傷害他人，這些人可能會選擇自殺。還有一種人則想從此銷聲匿跡，而讓他們消失的地方就是精神病院。後一種人會失去僅剩的那一點社會技能，他們不能正常地說話，也不接近別人，常常對這個世界充滿了敵意。這種狀況就是我們所稱的早發性痴呆，或精神病。如果想要幫助他們，我們必須找到某種方法重建他們的生活勇氣。這樣的病例雖病入膏肓，但也並非無可救藥。

鑑於兒童教育問題的治療主要依賴於對其生活風格的診斷，我們不妨在這裡回顧一下個體心理學為這種診斷而建立的方法。當然除了教育領域之外，生活風格診斷法也能很好地適用於其他多個方面，但它對教育實踐來說是最為必要的。

除了對兒童原型形成期的直接研究，個體心理學採用的方法還有很多，包括詢問早期記憶和對未來職業的構想、觀察體態和肢體動作、透過兒童出生順序做出推論等。這些方法在之前的論述中都已經涉及，但也許我們還需要再次強調

兒童的出生順序，因為比起其他方法，它與教育發展的關係更為密切。

正如我們所見，兒童在家庭中的出生順序非常重要。一方面，長子在一段時間裡是家裡唯一的孩子，而後來他失去了這個地位。他享受過巨大的權力，最後卻不得不拱手讓人。另一方面，其他孩子的心理特徵也因其非長子的事實而早已定下來基調。

在長子之中常常盛行一種保守觀點。他們覺得掌權者應當始終保持權力。他們認為發生在自己身上的權力丟失只是一個意外，並且他們很羨慕擁有權力的人。

次子的情況則完全不同，他一路走來都不是唯一的焦點，而是不停地追趕著領跑者，希望有一天能與他平起平坐。他們對權力沒有太大的意識，但他們希望權力易手。他們像在比賽中一樣，感到一種向前的緊迫感。其所有行動都顯示他的目光聚焦著前方的某個目標，以便盡快追上。他總是想方設法打破科學與自然的常規。他是真正的革命家 ——不是在政治上，而是在社會生活上，以及在他對待同伴的態度上。《聖經》中雅各（Jacob）和以掃（Esau）的故事就是很好的例子。

如果在一個孩子出生前，他的哥哥姐姐們都已接近成

年，那麼這個新生兒的成長環境就會與長子相類似。

　　站在心理學的角度看，最小的孩子在家庭中的地位十分有趣。

　　這裡我們所說的最小自然是指那些始終保持老么的位置而沒有後繼者的那些孩子。他們的地位永遠不會被剝奪，因而其所處的位置是相當有利的。次子可能遭到權力的剝奪，所以也許會經歷與長子同樣的困境，但對最小的孩子來說，這種事終其一生也不會發生。因此他占據了最有利的位置，在其他條件相等的情況下，我們發現，最小的孩子會得到最好的發展。他會像次子那樣精力充沛、富有挑戰精神。他也有領跑者需要超越，但通常來說，他會選擇與整個家庭全然不同的道路。如果這是一個科學世家，那最小的孩子很有可能成為音樂家或商人。如果這是一個商賈之家，那麼這家的老么便可能踏上詩人的旅程。他很可能會標新立異，因為在不同領域中競爭壓力更小，這也是為什麼他總喜歡走在與其他人不同的道路上。這也可能意味著他缺乏勇氣，因為一個孩子若無所畏懼，他也就不會因為害怕而逃避與對手在同一領域的競爭。

　　值得注意的是，我們基於兒童出生順序所做的假設是一種傾向性的表達，並不代表絕對的情況。事實上，如果長子聰慧過人，他也許根本不會被次子打敗，也就不會承受任何

悲劇。這種孩子的社會適應能力強，他的母親可能會以他的興趣為示範向其他人施加影響，包括新生兒。而如果長子無法被真正打敗，那麼次子將面臨更大的困境，這時候的次子可能會走向最壞的結果，因為他總是找不到勇氣和希望。我們知道，在一場比賽中，孩子必須始終抱有希望，一旦希望破滅，他就很有可能輸掉比賽。

獨生子女也有自己的悲劇，因為他的整個童年都是家庭的關注中心，於是他的人生也總是以此作為目標。他不按邏輯行事，只跟從自己生活風格的節奏。

獨生子在一個全是女孩的家庭中也會處於一種艱難的地位，從而面臨各種問題。多數人認為，這樣的男孩可能會有些氣質陰柔，但這種觀點其實是誇大其詞，畢竟我們都是在母親的教導下成長的。然而這種情況確實存在一定的問題，因為當整個家庭都由女性構成時，你一進門就會感受到一種特殊的氛圍。不同男女比例的家庭，其家具的選擇和擺設也會有所不同，男孩多的屋子裡或多或少會有些破損的東西，而女孩多的家裡則要整潔許多。

身處此種環境的男孩會努力表現得更像一個男人，並誇大自己性格中的男性特點。如若不然，他可能真的會受家裡其他成員的影響，像女孩一樣長大。總之，我們會發現這樣的男孩要麼陰柔有餘，要麼狂放不羈。後一種情況的男孩似

乎最終都是為了證明和強調一個事實 —— 他是一個男人。

男孩家庭中的獨生女同樣處境艱難。她們有的會安靜文雅，變得女人味十足，有的會想做一切男孩做的事情，並像他們一樣成長。自卑感在這種情況下表現得尤為明顯。試想家中唯一的女孩被夾在處處優越的男孩們中間，她會覺得自己只是一個女孩。

「只是」這兩個字將自卑情結暴露無遺。當她試圖穿起男孩的衣衫，當日後她以自認為的男性標準追求兩性關係時，我們會看到一種補償性的優越情結正在生長。

我們用一個特殊的案例作為本章論述的總結。這是一個關於長子和次女的案例，這兩個孩子之間總是進行著激烈的競爭。女孩的奮起直追不僅因為她排行第二，還因為她是一個女孩。她非常努力，因而具有典型的次子特徵。她充滿活力、獨當一面。哥哥也注意到她在這場比賽中與自己的距離變得越來越近。如我們所知，女孩在生理和心理上的成長速度都快於男孩 —— 比如一個十二歲的女孩就會比同年齡的男孩更為成熟。男孩看到了這種情況卻無法做出合理的解釋，於是他感到自卑，一心只想放棄。他停止了進步，甚至開始尋求逃脫。有時，男孩會選擇投身於藝術從而逃避現實；而還有的則會發展成精神官能症、罪犯或精神失常。

即使我們秉承著「事在人為，為者常成」的理念，這種情況也很難得到解決。我們能做的就是讓男孩知道，如果一個女孩看起來遙遙領先，那是因為她做了更多的練習，並由此掌握了更好的方法。我們也可以盡可能試著引導男孩和女孩進入一種非競爭環境，以沖淡這種賽跑的氛圍。

第八章　問題兒童及其教育

第九章
社會問題和社會調適

　　個體心理學的目標就是社會調適。這看上去似乎有些矛盾，但就算矛盾，也只存在於表達方式上。事實上，只有當我們實實在在關注到每個個體的精神生活時，我們才會意識到社會因素的重要性。只有在社會語境下，個體才稱為個體。在其他心理學體系中，其所謂的個體心理學與社會心理學之間存在著明確的界限，但在我們這裡並不作如此的劃分。在迄今為止的討論中，我們一直在嘗試分析個體的生活風格，但在整個分析過程中，社會觀點和社會應用始終貫穿其中。

　　我們接下來的分析將進一步關注社會調適問題。所有的討論都建立在同樣的現實中，但相對於生活風格的診斷，在本章中我們更注重從行動的角度討論生活風格，並探討催生適當行為的方法。

　　分析社會問題與分析教育問題幾乎一脈相承，後者正是第八章的主題。學校和幼托可謂是一種微型社會機構，在這裡我們可以以一種簡化的形式就社會失調問題進行研究。

　　以一個五歲男孩的行為問題為例。一位母親前來向醫生抱怨，稱兒子總是多動不安、愛惹麻煩。她不得不一整天被兒子纏著，直到最後筋疲力盡。她說自己再也無法繼續忍受，如果有一種治療方法可以讓孩子離開這個家，她會欣然配合。

透過這些行為細節，我們大概能夠「辨識」出這樣一個患有多動症的五歲男孩的行為模式。他會穿著笨重的鞋子爬上飯桌，他會喜歡在髒兮兮的地方轉悠。如果媽媽想看會兒書，他就會去玩電燈的開關，讓它們忽明忽暗。要是爸爸媽媽想彈一會兒鋼琴、合唱一首小曲兒，他會大喊大叫，或者捂著耳朵堅稱他討厭這樣的噪聲。如果他得不到自己想要的，就會亂發脾氣 —— 而他總是在提出更多的要求。

　　如果我們在幼稚園發現這種行為，我們可以斷定這個男孩想爭取什麼，他所做的一切都是在抗爭。他日日夜夜躁動不安，而父母則總是心力交瘁。男孩不知疲倦是因為他不像父母那樣需要做一些違背自身意願的事情。他只想動個不停，從而達到占有別人的目的。

　　一起特殊的事件將清楚地說明這個男孩如何為贏得注意而抗爭。一天，他被帶去了一場音樂會，他的父母將在音樂會上演出。在一首歌中間，男孩突然大喊著「你好爸爸！」並在大廳裡到處走動。這本應在我們的預料之中，但孩子的父母卻不明白這種行為的原因。他們依舊用正常的思維對待這個孩子，儘管這個孩子的表現已經超出了正常的範圍。

　　然而男孩對生活有著計劃，從這一點來講，他是正常的。他所做的一切正是按照計畫執行的。一旦看透了他的計畫，我們就能猜到他的下一步行動。因此我們可以得出結

論，他的智力沒有問題，因為一個智力低下的人無法制定出生活計畫。

在母親接待訪客或舉辦聚會時，他會把客人們推下椅子，他總想覬覦著那把「別人的椅子」。我們看到，這種行為同樣與他的目標和原型相符。他的目標就是要比別人更勝一籌，他想掌控他人，並始終占據父母的所有注意。

我們可以斷定他曾是個嬌生慣養的孩子，如果他能再次得到寵愛，他就不會去抗爭。換句話說，這是一個失掉了有利地位的孩子。

為什麼他會失去有利位置？原因之一是他有了一個弟弟或妹妹。他感受到權力被剝奪，認定自己已經失去了曾經的中心地位，為保住這個重要的位置他將展開抗爭。為此，他要始終讓父母陪伴自己。第二個原因是這個男孩沒有為新的形勢做好準備。像這樣一個被寵慣的孩子不會產生任何集體意識。如此他便無法適應社會，而只對自己和自己的利益感興趣。

當問母親如何看待這個孩子對弟弟的行為時，她堅持表示，男孩很喜歡弟弟，但他們一起玩的時候他總是會把弟弟撞倒。如果我們不把這種行為解釋為明顯的喜歡，應該能得到諒解吧。

為了充分理解這種行為的意義，我們需要將它與我們常見的案例進行比較，比如一些孩子斷斷續續的鬥毆行為。這些孩子很聰明，他們知道不能一直打架，因為父母會出來結束他們的戰鬥。因此這些孩子總是打打停停，而他們不打架的時候就會表現出良好的行為。但老毛病總是周而復始，就像這個案例中一樣，在玩耍時，男孩又撞倒了弟弟。

　　現在來看看這個男孩如何對待母親。如果媽媽想打他屁股，他要不就是大笑著說一點兒也不疼，要不就是在媽媽打得稍微狠點後稍稍安靜，過一會兒再繼續打鬧。我們應該可以注意到這個男孩的目標如何決定了他的行為，他所做的一切都恰如其分地指向這個目標，以至於我們可以預測他的下一步行動。如果原型不是一個整體，如果我們不知道原型的行動目標，預測也就無法進行。

　　想像這個男孩踏出了生活的第一步，他去了幼稚園，讓我們猜猜會發生什麼。就像他被帶去音樂會那次一樣，其實我們本可以預料即將發生的一切。整體而言，如果環境比他弱小，他就會掌控環境；如果存在少許困難，他則會為得到統治權而抗爭。在幼稚園也是如此，如果老師較為嚴厲，他便會想要縮短待在幼稚園的時間，為此男孩可能會想辦法耍一些花招。他可能長時間處於緊張的狀態，而緊張感會使他頭痛、煩躁不安，這些往往是精神官能症的最初症狀。

　　但是，如果環境相對溫和宜人，他也許會覺得自己是萬眾矚目的焦點，在這種情況下，他甚至可能成為學校的領軍人物 —— 一個完完全全的勝利者。

　　我們看到，幼稚園是一個社會機構，在這裡存在著社會問題。個體不得不為這些問題做好準備，因為他需要遵守集體的法則。兒童必須讓自己成為小小團體中的有用之人，而如果他不能做到對別人比對自己更感興趣，他就無法為這個集體發揮作用。

　　在公立學校，同樣的狀況屢見不鮮，我們完全可以想像這類男孩會發生什麼。而在私立學校，事情可能會簡單一些，因為在這樣的學校中學生數量較少，每個學生得到的關注會相對更多。在這種情況下，可能沒人能注意到這是個問題兒童，甚至他們可能會說：「這是我們最聰明的孩子，是我們最好的學生。」如果他是班長，他回家後的行為也可能發生改變 —— 只要在某一方面獲得了優越感，他就會感到滿意。

　　如果一個孩子的行為在上學後有所改善，人們可能會理所當然地認為他在班裡享有有利的位置，並感到優越。然而，通常情況剛好相反。在家可愛又聽話的孩子，到了學校可能就成了搗蛋鬼。

　　在第八章中我們說過，學校是從家庭到社會的中轉站。

套用這種公式，我們就能明白這類孩子長大後會經歷什麼。生活不會為他提供類似學校裡的有利條件。為何一個從小到大都聰明伶俐的孩子，卻將後來的人生過得一文不值，人們總是為此感到驚訝和費解。有一些人在成年後患了精神官能症，接下來還可能發展成精神病，沒有人知道這是為什麼，因為這個人的原型一直被有利的形勢掩蓋著，直到成年才露出了真面目。

為此，我們必須學會理解潛藏在有利環境中的原型錯誤，或至少能意識到原型錯誤的存在，因為在這種情況下辨識它們相當困難。有些跡象也許能明確地指向錯誤原型。一個想引起注意又缺乏社會興趣的孩子往往不愛乾淨，邋遢讓他得以占據他人的時間。他也可能不肯睡覺、半夜哭鬧或時常尿床。他還可能常常焦慮，因為他發現焦慮是一種能夠強迫他人服從的有力武器。這些跡象都會在有利的條件下出現，找出它們，也許就能得到正確的結果。

等到這個男孩十七八歲快要成年時，再來看看他長大以後的錯誤原型。我們看到在他的身後有一塊巨大的腹地 —— 它不那麼顯眼，但也難以估量。要看到生活風格和目標不是件容易的事，但當他面對生活，他便不得不直視我們所說的三大生活問題 —— 社交問題、職業問題以及婚戀問題。我們注定存在於關係網路中的某一個節點，這些問題也源於其

中。社交問題包含我們待人接物的行為、我們對人類及其未來的態度，它關乎著人類的存續，因為人類的生命如此有限，只有團結在一起，人類文明才能得以延綿。

關於職業問題，依據男孩在學校的表現，我們就能做出判斷。可以肯定，如果男孩想謀求一份高人一等的職位，那他可能很難如願。世上鮮有工作不必從屬於他人，或不必與他人合作。但這個男孩只關心自己的利益得失，若身處一個從屬職位，他必難以左右逢源。況且，這樣的人在事業上往往不值得託付，他難以讓自己的個人利益屈從於公司利益之下。

通常我們可以說事業的成功離不開對社會的適應，尤其在商業領域，理解鄰里和客戶的需求是一大能力優勢，只有設身處地地站在顧客的立場去看、去聽、去感受，才能一往無前。而我們案例中的這個男孩卻做不到，因為他滿眼只看到自己的興趣所在。他的發展是單方面的，他永遠無法集齊換取成功的所有必備要件。因此，失敗往往成為其職業發展的最終歸宿。

大多數情況下，我們會發現這些人從來都沒有完成過他們的職業規劃，或至少，他們參加工作的時間都相對較遲。他們可能已經三十歲了，但望著茫茫前路，仍不知該去向何方。讀書時，他們從這門課學到那門課；工作後，又在不同

的職位間跳轉。這足以說明他們在任何環境下都難以適應。

　　有時我們看到一個十七八歲的年輕人，他努力打拚卻漫無目的。我們有必要對這樣的人予以理解，並為他提供關於職業選擇的建議。他依舊有機會從頭培養起對某件事的興趣，並獲得適當的訓練。

　　從另一個角度講，一個孩子到這個年紀卻還不知道未來何去何從，這會令人十分困擾。他恐怕將碌碌無為終其一生。無論是家庭還是學校，都應在此之前，努力激發孩子們對未來職業的興趣和思考。學校可以透過作業的形式來達成這一目標，比如布置一篇以「長大後我想當……」為題的作文。用作業把職業問題推到孩子們的面前，否則他們可能在很長一段時間裡都不會思考這一主題，等到注意到這一問題時卻為時已晚。

　　我們的年輕人還需要面對最後一個問題，那就是愛情和婚姻。鑑於造物者將人類分成了兩種性別，這個問題也變得至關重要。對待異性我們將如何行動，這需要加以訓練。在第十章中，我們會用更大的篇幅探討這一問題，而這裡我們僅展示其與社會適應問題之間的關係。社會興趣的缺乏是引起社交問題和職業問題的重要誘因，它同樣會導致我們在異性面前缺乏適當的行動能力。一個極度以自我為中心的人無法為「雙人關係」做好充分的準備。我們承認，性本能的主要

目的之一似乎就是將個體從他的蝸居中拖拽出來，使其準備好應對社會生活。但在心理學層面上，我們需要對性本能持有更辯證的態度——除非我們能淡化自我並融入更寬廣的生活，否則性本能將無法正常地發揮作用。

研究至此，現在可以總結一下我們對這個男孩所做的預測了。

我們看到他站在人生的三大問題面前，害怕失敗，絕望而頹喪。我們看到他以實現個人優越為目標，而把生活的問題推得越來越遠。那麼留給他的還剩什麼？他不願融入社會，他站在所有人的對立面，他生性多疑，顧影自憐。他對別人再也提不起興趣，也因而對自己的形象毫不顧忌，於是他衣衫襤褸、塵土滿面。我們知道語言是社會的必需品，但我們的主角不願意使用它。他開始不說話了，而這是早發性痴呆的跡象。

被自我設定的障礙封鎖在生活的所有問題之外，我們的主人公只能一步步走向瘋人院。他的優越目標將自己與人們完全隔離，這也改變了他的性驅力，以至於他已經不能算作一個正常人了。有時，他會試圖飛向天堂；有時，他又覺得自己是主宰。他用這種方式達成了自己的優越目標。

正如我們常說的，生活中的所有問題歸根結柢都是社會

問題。在幼稚園、公立學校、友誼關係甚至在政治經濟等各領域中，我們都能看到社會問題的表現。顯然，我們所有的能力都是以社會為中心而服務於全人類的。

我們知道，社會適應力的缺失始於原型，而問題在於如何在為時未晚時糾正這種缺失。如果能在告訴父母如何預防重大錯誤的同時，讓他們學會甄別原型錯誤的細微表現，並讓其知道糾正方法，那將事半功倍。但事實上，這種方法很難推進。很少有父母願意學習和避免原型錯誤，他們對心理學和教育興致索然。他們或是對孩子寵愛有加，任何不將其孩子視為珍寶之人都將被列入黑名單；或是對孩子的教育根本不感興趣。因此從父母入手，往往難以取得更多的進展。我們也不可能在短時間內提升他們的認知，讓父母明白他們應當知曉之事需要花很多的時間。因此，最好的辦法還是請來醫生或心理學家。

在醫生和心理學家的個別化工作之外，只有學校和教育才能取得最好的結果。原型錯誤往往在一個人進入學校後才會顯現，一個熟悉個體心理學方法的教師能在短時間內注意到原型的錯誤。她能看出孩子是愉快地融入了集體，還是愛出風頭，好讓自己成為焦點人物。同樣地，她也能發現哪些孩子充滿勇氣，哪些缺乏勇氣。訓練有素的教師甚至能在第一週就覺察到學生的原型錯誤。

教師，憑藉其社會功能屬性，更有能力糾正孩子們的原型錯誤。人類設立學校，正是因為家庭無法為滿足社會生活的需求提供充分的教育。學校彌補了家庭的不足，在這裡，孩子的性格得到了進一步的發展，他學會了如何面對生活的問題。

學校和教師需要具備心理洞察能力，這有助於他們做好本職工作。未來必將有更多的學校採納個體心理學的思路，因為塑造人格才是學校辦學的真正目的。

第十章
社會情感、常識及自卑情結

我們看到，社會適應失調就是自卑感與優越感的社會化結果。自卑情結和優越情結這兩個詞彙則表達了社會適應失調產生之後的結果。這些情結與種質無關，也不存在於血液之中，它們只是個體與其身處的社會環境在互動過程中應運而生的產物。為什麼它們不發生在所有個體身上？每個人都有自卑感，也都有對成功和優越的追求，這些構成了他們獨一無二的精神生活。而並非所有個體都會產生「情結」，這是因為存在一種心理機制，它緊緊握住了自卑感與優越感的韁繩，讓它們得以信步於社會生活的有用面。這種機制的發端就是勇氣、社會興趣和社會意識，或者說是基於常識判斷的邏輯。

讓我們研究一下這種機制的工作原理，並探究它因何運作又為何戛然而止。我們知道，只要自卑感不是過於強烈，兒童就會努力上進，在有意義的生活中尋求自我價值。這樣的孩子為了達到自己的目標，會對其他人產生興趣。社會情感和社會調適是正確且正常的補償措施，從某種意義上說，幾乎沒有人（無論是兒童或成人）在追求優越的過程中會走向有別於此的發展結果。我們找不到一個發自肺腑的聲音說：「我對其他人沒有興趣。」他可能會表現得對整個世界感到索然無味，但其實他無法自洽。他甚至會為了掩飾自己的社會適應不良聲稱自己對他人存在興趣。這是社會情感普遍存在

的無聲證明。

　　無論如何，適應失調的確會發生。我們可以透過對一些邊緣案例的思考來研究它們的起源。在這些案例中，自卑情結確實存在，但由於身處環境相對有利，自卑情結沒有公然的外在表現。在這種情況下，「情結」是被隱藏的，或至少展現出一種隱藏的傾向。如果當事人沒有遭遇困境，他便看上去對生活心滿意足。但如果湊近觀察，我們會看到他的真實表達，哪怕沒有表述為文字或觀點，至少從態度上我們可以看出，他感到自卑。這是一種自卑情結，這是自卑感過度滋生的結果。被這種情結所困擾的人們總是在尋求寬慰，他們的自我中心主義為自己強加了太多重擔，他們想要解脫。

　　有趣的是，我們會觀察到，一些人努力隱藏他們的自卑情結，而另一些人則承認：「我深受自卑情結之苦。」坦白者往往得意於他們的坦白陳詞，他們感到自己無比偉大，因為他們勇於承認而其他人不敢。他們對自己說：「我很誠實。我沒有為自己所承受的一切說謊。」但就在坦誠自卑情結的同時，他們也在暗示，生活或其他情境中存在著一些客觀困難，它們當為自己的處境負責。他們可能會說起父母、家庭，說起自己沒有受到良好的教育，說起一些事故、限制、束縛等其他一切。

　　自卑情結經常會被造成補償作用的優越情結所掩蓋。傲

慢自大、粗魯無禮、自命不凡、盛氣凌人，這些往往都是有自卑情結之人的寫照。在形式和行動的天平上，他們往往在前者的托盤上加更多籌碼。

在這類人的早期努力中，我們也許會看到一些舞臺恐懼症的跡象，怯場為他的所有失敗找到了藉口。他會說：「如果不是怯場，我有什麼做不好的呢？！」在這些「如果」句式的背後，往往藏匿著自卑情結。

一些諸如狡猾、謹慎、偏執等性格特徵也向我們提示了自卑情結，此外還有排斥生活難題、尋求受許多原則和規矩限制的狹窄行動領域等，這些可能都是自卑情結的外顯。如果一個人總是靠著柱子，這也可能是自卑情結的存在跡象。這樣的人對自我缺乏信心，其興趣總是刁鑽古怪。他們總是被瑣事糾纏，比如熱衷於收集報紙或廣告。他們以這種方式浪費時間，並且總在為自己尋找藉口。他們在無意義的生活中耗費了太多精力，這種狀況一旦持續太久，便會導致強迫症的發生。

問題兒童往往都存在自卑情結，無論他們的問題以何種形式呈現於人前。懶惰其實是對重要生活任務的排斥；偷竊是對安全漏洞或他人疏忽的利用；說謊是因為沒有勇氣說出真相。發生在兒童身上的所有這些表現都是自卑情結作祟的結果。

精神官能症是自卑情結的進階。一個人在患上了焦慮症以後，還有什麼是他做不到的呢？他也許一直在尋覓他人的陪伴，如果是這樣，則事遂人願，因為他獲得了別人的支持，得到了他人的時刻伴隨。在這裡我們得以看到自卑情結向優越情節的轉變。其他人必須為我服務！在讓他人為自己服務的過程中，精神官能症患者站在了優越的高地上。另一種類似的演進表現在精神患者的案例中。當自卑情結所引導的排斥法則將患者逼入困境時，他們會把自己想像成偉人，以此來獲取成就感。

　　在所有這些「情結」得以產生發展的案例中，社會功能之所以失效，有意義的生活之所以遭到捨棄，都是因為個人缺乏勇氣。正是勇氣的缺失使這些人無法跟上社會的發展。而與之相伴的還有對社會發展的必要性及其實用價值的茫然不解。

　　這一切在罪犯的行為中得到了充分的詮釋，他們的案例將自卑情結展示得淋漓盡致。罪犯往往是愚蠢的膽小鬼，懦弱和愚蠢在他們心裡就像是一對齊頭並進的狐朋狗友。

　　我們也可以沿著同樣的思路對酗酒行為展開分析。酒鬼們渴望從堆積於自身的問題中解脫出來，極度的懦弱讓他們對酒精的麻痺、對這種毫無意義的慰藉感到心滿意足。

　　社會常識與人類的正常勇氣如影隨形，而上文中這些人的思想觀念和智力認知讓他們明顯地區別於普通人群。拿罪犯來說，他們不是在為自己尋找託詞，就是忙著指控他人。他們搬出無利可圖的勞動市場，他們抱怨缺乏支持的冷酷社會，他們還會說是胃在發號施令才令其不能自已。面臨指控，他們總是找來各種理由為自己開脫，就像弒童犯希克曼一樣，他說：「這一切都來自上蒼的指示。」另一個殺人犯則在審判中說：「這個被我殺掉的男孩有什麼用處嗎，這樣的男孩在世上還有千千萬萬呢。」於是出現了這樣的「哲學家」，聲稱殺害富有的老婦並無過錯，因為還有許多有價值的人正在忍饑挨餓。

　　這種詭辯的邏輯完全經不起推敲，它也確實不堪一擊。他們把自己的整個人生觀建立在了無用的社會目標之上，這個目標的選擇正來自其勇氣的匱乏。他們總想為自己辯解，而有意義的生活目標是不言而喻的，它不需要為自己尋找任何藉口。

　　讓我們舉一些實際的臨床案例來說明社會性的態度和目標如何轉化為了反社會的性質。第一個案例的主角是一個剛滿十四歲的女孩。她成長在一個敦厚的家庭。她的父親吃苦耐勞，一直以來靠著辛勤的勞動養家餬口，但後來他病了，無法再繼續工作。母親是一位誠實善良的婦女，她一共養

育了六個子女，一心都撲在了孩子身上。第一個孩子是個聰明的女孩，可惜十二歲時便早早夭折。第二個女兒身體也不好，但後來康復了，並找了一份工作承擔起了養家的責任。第三個女兒就是我們今天故事的主角了，這個孩子一直都很健康。這個女孩讓我們叫她安妮。她的母親由於時常忙於照顧兩個生病的姐姐和自己的丈夫，因此留給安妮的時間所剩無幾。她有一個弟弟，同樣聰明卻體弱。如此一來，安妮發現自己被兩個深受憐愛的孩子緊緊地擠在中間，就快被壓碎了。她是個好孩子，但她覺得自己得不到與其他孩子同樣分量的愛。輕視和壓抑的感覺讓她滿腹牢騷。

　　然而在學校，安妮的表現很好，她是同學中間的佼佼者。由於學業上的出色表現，老師建議她繼續接受教育。於是當她還只有十三歲半的時候，她就已經開始高中生活了。在這裡，她遇到了一位不怎麼喜歡她的新老師。也許安妮在一開始確實做得不夠好，但無論如何，缺乏讚賞讓她的情況變得更加糟糕。以前她從來都不是一個問題兒童，常常得到老師欣賞。她成績優秀，深受同學們的喜愛。當然即使在這種情況下，一個個體心理學家還是能透過觀察她與朋友的相處發覺一些問題。她總是想要控制朋友們，想成為焦點，喜歡被人奉承，但她卻聽不進批評的聲音。

　　安妮的目標是得到賞識、喜愛和照顧。她發現只有學校

能滿足這一切，在家裡卻做不到。但到了新的學校，她發現來自學校的讚賞消失了。老師責備她，堅持說她不夠格，給她的評分也很低，於是她逃學了，整整好幾天都待在外面。回來的時候，情況變得比以往還要糟糕，最後老師提議把她開除。

開除學籍其實起不到任何作用，這只能表示學校和老師承認他們無力解決問題。但如果他們解決不了，應該尋求其他人的幫助，或許別人能夠做些什麼。也許可以在與父母交談過後，考慮轉學的安排；也許換一位老師能更容易理解安妮的處境。但她的老師並不這麼想，她的邏輯是：「如果一個孩子逃學、後進，她就得被開除。」這樣的思路是狹隘的個人智慧的表現，有悖於常識和情理，而通情達理是教師尤其應當具備的素養。

我們可以猜到接下來發生了什麼。女孩失去了生命中最後一根支柱，她感到所有人都背棄了自己。因為被學校開除，她連家人那一點聊勝於無的欣賞都丟失了。她出走了，逃離了家和學校，消失了幾天幾夜。後來她愛上了一個士兵。

我們很容易理解她的行為。她的目標是贏得賞識，在這之前她一直朝著有意義的方面接受訓練，而如今這種努力調轉了方向。一開始，士兵欣賞她、喜歡她。但後來，家裡收

到了她的來信，她說自己懷孕了，想要服毒了結。

給家人寫信這一舉動其實是符合她的性格特徵的。她渴望得到認同，直到回家前，這朵向日葵始終四處尋找著哪怕一絲絲的理解的陽光。她知道母親如今的絕望，她知道自己不會被責罵。她知道，自己的回歸只會讓家人感到高興。

在處理這類案例時，身分認同尤為重要。這是一種將自己置於對方的處境中從而感同身受的能力。主角是一個想要得到欣賞的人，她朝著這個目標不斷鞭策自己。如果有人能帶給她身分認同，那麼這個人一定會這樣問自己：「我會怎麼做呢？」年齡和性別都必須納入考慮的範疇。我們應當總是對這個女孩加以鼓勵（但要注意，必須是向著有意義的方向給予鼓勵）。我們要試著讓她意識到，「也許我在學校時想得過於狹隘，而沒有很好地理解老師」。如果我們能給她勇氣，她也許就能學會朝著有意義的方向努力。缺乏勇氣與自卑情結連結在一起使得一個人走向了毀滅。

我們來看一下同樣的境況發生在男孩身上會發生什麼。這個男孩在她的年紀可能會成為罪犯。這樣的案件十分常見：男孩在學校失去勇氣，於是他四處飄蕩，成了幫派的一員。這種行為很容易理解。當他失去了希望和勇氣，各種惡習便隨之而來，遲到、偽造請假條的簽名、不寫作業、尋找逃學後的去處……在那些幫派中他找到了同伴，他們曾經和他走

過同樣的道路，於是他順理成章地加入了他們。他對學校完全失去了興趣，而他對世事的理解也越來越自我、越來越狹隘。

自卑情結往往會使人覺得自己沒有特別的才能。持有這種觀念的人也會認為有些人天賦異稟，有些人則資質平庸。後一種想法本身也是一種自卑情結的表現。根據個體心理學「事在人為，為者常成」的理念，當一個男孩或女孩在這句格言中看不到希望，並感到無法在有意義的生活中達成個人目標時，自卑情結開始形成的跡象就出現了。

自卑情結還包含一種信念，那就是相信人格特徵的繼承性。如果這符合真相，如果一個人的成功完全取決於先天能力，那心理學家就沒有了存在的意義。然而事實上，成功依靠勇氣，心理學家的任務就是把絕望轉化為希望，從而為人們積聚能量，使其得以在有價值的事務中取得更好的表現。

有時，我們會聽聞某個十六歲的青少年因為學校的開除而絕望到自殺。自殺是披著輕生外衣的報復，它的實質是對社會的控訴。這個年輕人拋開了常識，選擇用極端自我的方式來證明自己的存在。在這種情況下，我們唯一能做的就是贏得男孩的信任，給予他追尋人生意義的勇氣。

我們還可以舉許多其他例子。比如有一個十一歲的女

孩，她在家裡總是不太討喜，別的孩子都比她更受歡迎，於是她覺得自己不受待見。她因此變得暴躁、好鬥、叛逆。我們可以簡單地分析一下此案例。女孩覺得自己不被認同，起初她嘗試抗爭，但後來她失去了希望，於是她開始偷東西。對個體心理學家而言，與其把兒童的偷竊說成是一種犯罪，倒不如將其視作兒童用來充實自我的手段。而除非一個人感到被剝奪，否則他並不會想到充實自己。所以女孩的偷竊實則是家庭情感缺失的結果，是對生活的無望誘發了這種念頭。兒童因感到被剝奪而開始盜竊的例子屢見不鮮，這種感受或許無法闡明更深層的真相，但確實是導致偷盜行為產生的心理動因。

另一個案例的主角是一位八歲的男童。他是一個私生子，樣貌醜陋，和養父母住在一起。養父母對他既不好好照顧，也不嚴加管束。有時，養母會給他一顆糖，這簡直成了他人生的光輝時刻。而沒有糖果的時候，這個可憐的男孩只能忍受失落的煎熬。養母嫁給了一個老頭，並和他生下了一個女孩。這個孩子成了老頭唯一的樂趣，他總是對小女兒寵愛有加。這對夫妻將男孩繼續留在身邊的唯一原因就是為了不支付他在外面的生活費。老頭每次回家都會給小女兒帶糖果，但卻沒有男孩的份兒。結果男孩開始偷糖。他的盜竊源於被剝奪感，他想讓自己得到更多。養父以偷東西為由打了

他，但他並沒有因此而停手。也許有人認為男孩的所作所為展現了勇氣，因為儘管捱了打，他還是繼續我行我素。

但這並不正確，他依舊存在著試圖逃脫偵查的僥倖心理。

這是一個被厭惡的孩子，他從未體驗過同伴的意義。我們必須贏得他的信任，必須為他提供機會，讓他嘗試著扮演同伴的角色。當他學會了身分認同，學會了設身處地，他就會明白養父看到他偷竊時的憤怒，他就能理解妹妹發現糖果不見時的不安。這個案例講述了被厭惡的孩子的自卑情結，從中我們再一次看到了社會情感、理解力和勇氣的缺乏，再一次看到了自卑情結在它們的共同作用下如何一觸即發。

第十一章
戀愛和婚姻

　　要為戀愛和婚姻做好正確的準備，首先必須融入同伴這個角色，同時要適應社會。在做好這種普遍性準備的同時，還應對性本能進行一定的訓練，這種訓練的目的是滿足婚姻及家庭本能的正常需求，它貫穿兒童早期直至成年。所有關於戀愛與婚姻的能力、障礙、傾向，都能在生命最初幾年形成的原型中覓得蹤跡。透過對原型特徵的觀察，我們就能指明出現在成年生活中的困難。

　　我們在婚戀關係中遇到的問題與一般的社會問題具有同樣的性質。婚戀關係與社會生活有著同樣的困難、同樣的任務，把戀愛與婚姻當作以自我意志為轉移的天堂是大錯特錯的。在這裡，有各種任務貫穿始終，要完成這些任務，則必須時刻將另一個人的興趣放在心裡。

　　而比起普通的社會適應問題，處理婚戀問題對我們的要求更高，它需要很強的同理心和傑出的身分認同能力。如果說現在能為家庭生活做好準備的人越來越少了，那是因為他們從未學會見人所見、聞人所聞、願人所願。

　　在前幾章中，我們用大量的文字討論了以自我為中心的孩子，他們在成長過程中只對自己感興趣，別人在其眼裡則興味寥寥。我們不能期待這樣的人能因為生理上的性成熟而一夜之間性情大變。對於愛情和婚姻，他依然毫無準備，正如他面對社會生活時的手足無措。

社會興趣的養成非常緩慢，只有那些從小就受到這方面培養並始終在有意義的生活中奮鬥的人，才能真正形成社會興趣和社會情感。基於這一原因，我們不難看出一個人是否真正準備好與異性共同生活了。

我們只需記住在有意義的生活中所觀察到的一切。一方面，站在這一地帶的人勇敢而自信，他能面對生活的問題並積極尋找解決之道，他擁有同伴、朋友，他與鄰里關係融洽。不具備這些特徵的人往往不值得信任，也沒有做好戀愛與婚姻的準備。另一方面，如果一個人正踏踏實實地從事著一份正當職業，那麼我們可以認為他也許已經做好了結婚的準備。我們的判斷雖基於一個小小的跡象，但這一跡象十分關鍵，因為它告訴我們一個人是否具有社會興趣。

對社會興趣本質的認知告訴我們，只有在完全平等的基礎上，我們才能在戀愛與婚姻問題上得到滿意的解答。這種基本的等價交換相當重要，而一方是否尊重另一方則沒那麼關鍵。愛本身不起決定作用，因為愛的種類各式各樣。只有在恰當的平等的基礎上，愛才能發揮作用，幫助婚姻走向成功。

如果男女任何一方想成為婚姻中的征服者，那麼結果恐怕岌岌可危。對婚姻抱著如此的期許表示他並未做好正確的準備，婚後的生活很快會證明這一點。夫妻關係中沒有征服

者的一席之地，因此這種想法不可能實現。婚姻要求雙方對另一半保持興趣，並總能設身處地地為對方著想。

接下來我們將說說婚姻所必需的特定準備。如我們所見，它包含與性吸引這種本能相關的社會情感的培養。事實上我們知道，每個人在孩提時代就會在腦海中建構理想中另一半的形象。對男孩來說，母親扮演這一理想型角色的可能性很大，因此男孩常常會尋找相似類型的女性結婚。有時，男孩與母親之間可能存在著某些不愉快的緊張關係，在這種情況下，他尋找的女孩也許會呈現出完全相反的類型。男孩長大後的擇偶標準與母子關係如此密切，以至於我們可以從眼睛、身材、髮色等微小細節中就能觀察到。我們也知道，如果一個男孩總是被武斷專橫的母親打壓束縛，那麼當愛情和婚姻來臨時，他不會想要勇敢地面對。因為在這種情況下，他理想中的異性很可能是軟弱而順從的女孩。又或者，如果他本身是愛挑釁的類型，婚後他也會常常與妻子爭執，並試圖支配她。

可以看到，在愛情問題面前，一個人在童年時期表現出來的種種跡象都被強調和放大了。現在讓我們想像一下，一個存在自卑情結的人在與性相關的方面會如何表現。他也許會因為感到弱小和自卑而總是寄希望於他人的支持，並想透過這種方式表達自己的情感。通常這類人的理想型擁有母

性的特性。或有時為了補償其內在的自卑，他也會在愛情中選擇相反的類型，而讓自己變得傲慢無禮、咄咄逼人。這時候，如若他本身缺乏勇氣，他就會因自己的選擇感到束手束腳。他也許會找一個同樣好鬥的女孩，因為他覺得在一場激烈的戰役中獲勝更有榮光。

無論哪種性別都不可能以這種方式取勝。利用兩性關係來滿足自卑情結或優越情結聽上去似乎愚不可及、荒誕不經，但此類情況其實屢屢發生。但如果我們仔細觀察就會發現，真正的受害者其實是他們的伴侶。這樣的人不明白，性關係無法用以達成這種目的。因為如果一個人心心念念成為一個征服者，那麼對方同樣會想成為征服者，在這種情況下試圖建構兩個人的共同生活簡直是痴人說夢。

滿足情結的這種想法在一定程度上解釋了人們在選擇伴侶時的某些特殊考慮。它告訴我們為什麼有些人會選擇體弱多病或垂垂老矣的人，因為他們覺得面對這樣的人，事情會變得更加容易。有時，他們會找一個已婚者，這種情況說明當事人根本不想尋找問題的解答。有時我們會看到人們同時愛上兩個男人（或女人），正如我們前文已說過的，這是因為他們認為「兩個女孩也無法構成一個完整的理想伴侶」。

我們已經看到一個有自卑情結的人是如何頻繁跳槽、如何拒絕面對問題、如何一事無成的。當面臨愛情問題時，他

仍保持著一貫的作風。愛上有夫之婦，或同時與兩個人墜入愛河，這些都是滿足其慣常性情的做法。當然也有其他的方式，比如過長的訂婚期，或馬拉松式的戀愛，總之就是永遠拒絕步入婚姻。

　　被家人寵壞的孩子在婚姻中也會想在配偶那裡獲得寵愛。戀愛期或婚姻的第一年存在這種狀態無傷大雅，但越到後期，情況則可能變得複雜起來。我們可以想像一下，兩個嬌生慣養的人相結合會擦出怎樣的火花。雙方都想被寵愛，而沒有一個人想成為那個付出的人。他們就好像面對面站立著，手中空空如也，卻都期待著對方的贈予。這兩個人都會產生一種不被理解的感覺。

　　我們都能明白，當一個人感到被誤解、被束縛時，他會感到自卑，並想逃跑。在婚姻中出現這種感受尤其糟糕，特別是在人們感到極度絕望時。報復之心在此時開始蔓延。一個人若想打擾另一個人的生活，最常見的辦法就是不忠。不忠往往是用來報復的手段。誠然，不忠的人總是想用情難自勝為自己辯護，但我們都清楚情感價值幾何。感覺總是與優越目標相一致，它不應被視為爭論的籌碼。

　　以某個嬌生慣養的女子為例。她嫁給了一個男人，這個丈夫在此之前總覺得自己被另一個兄弟束縛著。我們可以看到，當男人與這位溫柔甜美的獨生女相遇時，一邊是窈窕淑

女、夢寐求之，一邊則盼著琴瑟友之、鐘鼓樂之。兩人似乎一拍即合，婚姻生活也幸福美滿，直到有一天他們的孩子出生了。接下來的故事走向不難預測。一方面，妻子總想占據在家庭的核心，她害怕孩子會對她的地位構成威脅，因此孩子的出生並沒有讓她太高興。另一方面，丈夫也想得到偏愛，他也害怕孩子會動搖自己的地位。結果夫妻倆都疑神疑鬼起來。他們也許並不會忽視孩子，他們可能仍是稱職的父母，但他們的心中埋藏著疑慮，他們擔心孩子的出生會削弱彼此之間的愛。這種猜忌讓婚姻關係危機四伏，因為一旦有人開始對對方的一言一行、一舉一動、一顰一笑都細細斟酌時，他會很容易發現（或自以為發現）曾經的熱情正慢慢消退。而這兩位都找到了一些跡象。當時妻子剛剛經歷分娩，正處在恢復期，在她忙於照看孩子的時候，丈夫卻去了巴黎悠享假期。在他寫給妻子的信中，一筆一畫都充滿了歡欣雀躍。在信中，他細數了自己愉快的經歷，對妙趣橫生的偶遇津津樂道。而讀信的妻子卻失去了從前的笑容，變得沮喪起來。不久，她患上了廣場恐懼症，她再也不能獨自外出了。丈夫一回來，便不得不陪在妻子身邊。至少在表面上，她似乎達到了自己的目標，回到了關注的中心。但無論如何，這種滿足感的獲得不免有揚湯止沸之嫌，因為她總有一種感覺，那就是假如廣場恐懼症消失了，她的丈夫也會離她而

去，於是她需要她的廣場恐懼症繼續下去。

　　有一位醫生在這位妻子患病時給予了她很多的關注。在醫生的照料下，她感覺自己的病好多了。同時她將醫生視作摯友，對其可謂推心置腹。但當醫生看到患者病情有所好轉後，他就離開了。女子字斟句酌地寫了一封信，感謝醫生為她所做的一切，卻沒有得到回信。從此，她的病情急轉直下。

　　也是從這時起，她開始生出了與其他男子交往的主意，幻想以此報復丈夫。然而，她的廣場恐懼症阻止了她，因為她無法單獨外出，必須由丈夫陪伴在身邊。於是她出軌的想法沒能得以實現。

　　我們在婚姻中見到了許多錯誤，於是不可避免地會產生一個問題：「這一切都必然發生嗎？」我們知道，這些錯誤都源自童年時代；我們也知道，透過辨識和探尋原型的特徵，改變錯誤的生活風格是有可能實現的。因此，有的人會考慮是否可以建立一個諮詢委員會，應用個體心理學的方法來釐清婚姻中的千頭萬緒。這個委員會將由訓練有素的人員構成，他們懂得如何讓個人生活中的所有事件齊心協力、相互配合，他們有足夠的共情能力來理解和認同尋求建議的人。

　　顧問們不會說：「你們不能達成一致，總是不停地爭吵，還是離婚吧。」因為僅僅離婚有什麼用呢？離婚之後又會發生

什麼呢？一般來說，離了婚的人還會想再婚，然後繼續貫徹以往的生活風格。有時我們看到有的人一次又一次地離婚，但他們仍在追求婚姻。他們只是簡單重複著自己的錯誤。這樣的人也許會問諮詢委員會，他們的婚姻或愛情是否還有成功的可能。或者，他們其實可以在還未離婚時前來諮詢。

有一些輕微的差錯在童年時期就初現端倪，但直到結婚前，它們似乎都顯得無足輕重。有些人總覺得自己等來的都是失望，這些人在孩童時期就覺得自己可能永遠得不到快樂，總是在害怕失望中惶惶不可終日。他們要麼覺得自己受到了情感的排擠，覺得總有另一個人比自己更受歡迎，要麼他們曾在早期經歷過一些困境，使他們迷信般地相信悲劇會再次重演。我們很容易看出，這種對失望的恐懼會在婚姻生活中催生妒忌和猜疑。

女性往往還存在一種特別的困境，那就是她們會認為男人總是朝三暮四。有了這樣的想法，婚姻自然不會幸福。如果有一方頑固地認為對方必定會不忠，那麼婚姻的幸福便無從談起。

人們經常會針對愛情和婚姻尋求建議，好像它是我們生活中最重要的議題。然而，從個體心理學的角度看，雖然這個問題的重要性不容小覷，但它卻還不是最重要的。因為對個體心理學而言，生活中的各個問題之間不存在伯仲之分。

如果人們過於突出婚戀問題，並將其置於最重要的地位，則他們的生活恐怕會有失和諧。

或許，人們之所以如此看重這個問題，甚至超越了其本身的價值，是因為它與其他問題不同。在這個話題上，我們幾乎得不到任何的常規指導。再次回顧一下我們討論過的人生三大問題。社交問題。它涉及我們與他人的互動行為，而從出生的第一天起，我們就被不斷地教導著如何與同伴相處。同樣地，關於職業，我們也有著一套常規化的培訓體系。在這方面，我們有老師的指導，也有書籍可以參考。但告訴我們如何為愛情和婚姻做好準備的書又在哪兒呢？當然，關於愛情和婚姻的書不在少數，很多文學作品都會描寫愛情，但我們卻發現很少有書涉及幸福的婚姻。因為我們的文化與文學緊密相連，每個作者都致力於描繪在困境中掙扎的男女。難怪人們對婚姻總是謹慎再謹慎。

從很早開始，人類就在描寫不和諧的兩性關係。如果翻看《聖經》，我們就會發現在那些故事中，男人和女人在兩性關係中總是麻煩不斷。我們在執行教育方針上一定過於嚴格，與其讓男孩和女孩覺得婚戀是一種麻煩，倒不如預先培養他們在婚姻中的角色，讓女孩更溫婉動人，讓男孩更陽剛豪邁。但這些都不如讓男孩和女孩同時接受兩方面的培養，這樣才能讓他們感到平等。

如今存在於女性中的自卑感證明，我們的文化在這方面是失敗的。如果讀者不相信這點，那麼請他看一看女性的掙扎。他會發現，女性總是想戰勝他人，於是她們往往進行了過度的訓練和發展。她們比男性更以自我為中心。在未來的女性教育中，我們應當更多地培養她們的社會興趣，不要讓她們總是關注自身得失而甚少顧及他人。但要做到這一切，我們首先要做的就是摒棄一切對男性特權的迷信。

　　讓我舉個例子來看一下人們在為婚姻做準備上表現得有多麼糟糕。一個年輕人正在舞會上與他年輕美麗的未婚妻翩翩起舞。碰巧這時，他的眼鏡滑落到地上，令眾人大吃一驚的是，他為了撿起眼鏡差一點兒把那位年輕的女士撞倒了。一個朋友問他：「你剛才在幹什麼？」他回答：「我不能讓她踩碎我的眼鏡呀！」我們可以看到，這個年輕人並沒有為婚姻做好準備。事實上，這個女孩最後也沒有嫁給他。

　　後來有一天他去看醫生，說自己患上了憂鬱症，正如許多過於重視自己的人一樣，他們往往都會走向這樣的結局。

　　有一千種跡象可以告訴我們一個人是否為婚姻做好了準備。不要相信一個約會時總是遲到卻沒有充分理由的戀人，他們這樣的行為顯示出一種猶豫的態度，是對生活問題缺乏準備的表現。

　　如果夫妻中的一方總想著教育或批評另一半，這也是一種缺乏準備的跡象。同樣，過於敏感也不是一個好兆頭，因為這展現了自卑情結。一個人的身邊若沒有朋友或無法很好地融入社會，這也說明他還沒準備好婚姻生活。推遲就業同樣也發出了不妙的訊號。悲觀的人，毫無疑問也非適合的人選，因為悲觀主義所透露的正是生活勇氣的缺失。

　　儘管有這麼長的負面清單羅列著種種不盡如人意的表現，但要找到一個對的人或朝著正確方向努力的人也並非如此困難。我們不能期望對方完全符合理想的預設。事實上，如果一個人在尋找結婚對象時總是對照理想中的形象，那麼我們可以肯定他正十分猶豫。這樣的人根本還沒有打算再往前跨出一步。

　　在古老的德國據說有一種方法可以測試一對夫妻是否做好了婚姻的準備。在鄉村地區，他們的習俗是給那對夫婦一把雙柄鋸，一人握住一頭，一起鋸一棵樹，親朋好友則在一旁圍觀。鋸樹現在成了這兩個人的共同任務，他們必須足夠地關注對方，熟悉對方的動作，使雙方的節奏相互協調。我們認為，這樣一種方法能很好地測試夫妻雙方在婚姻中的契合度。

　　最後再次重申我們的觀點：愛情和婚姻問題的解決只能建立在社會適應的基礎之上。在大多數案例中，人們之所以

會犯錯往往是由於社會興趣的缺乏，只有個體自身發生了改變，這些問題才能得以消除。婚姻是兩個人的任務，但如今的事實是，在我們所接受的教育中，任務的完成要麼只涉及一人，要麼就需要二十人，卻從來不告訴我們兩個人之間要怎麼合作。然而對於婚姻這項任務，雖然教育甚少涉及，但如果兩個人都能意識到自己性格中的不足，並以平等的精神相互對待，我們仍然可以妥善地處理其中的種種繁雜。

婚姻的最高形式應當是一夫一妻制，這一點無須贅述。許多人基於偽科學，聲稱一夫多妻才是人類的天性。這種結論無法得到認可，理由是在我們的文化中，愛情與婚姻是一種展現社會性的任務，我們結婚不僅僅為了滿足私利，還間接地為了社會利益作出了貢獻。歸根結柢，婚姻關係的建立是人類共同的利益需求。

第十一章　戀愛和婚姻

第十二章
性慾和性問題

在第十一章中，我們論述了愛情與婚姻中的一般問題，接下來我將轉而討論這一普遍性議題中更為特殊的部分 —— 性慾問題及與其相關的存在於真實或幻想中的性異常。我們已經在探討愛情問題時看到，相對於生活的其他問題，大多數的人在這一方面都缺乏足夠的準備和訓練。這一結論使得性這個話題顯得更為緊要。在性問題上，我們有太多的迷信需要破除。

最常見的就是關於繼承性的迷信，它使人們相信性慾的程度來源於遺傳，是無法被改變的。我們知道，遺傳問題很容易被當作藉口或託辭，我們也知道，這些擋箭牌最終擋住的往往是自己的前路。因此，我們有必要站在科學的立場上對一些論斷做出澄清。外行人會對這些觀點過於當真，他們沒有意識到作者們只給出了結論，卻沒有對性本能可能受到的抑制程度或人為刺激做出必要論述，而這些都應是得出結論的前提。

性慾的存在可以追溯到生命的早期。每一位細心觀察的護士或家長都能在孩子出生的第一天就發現某些性刺激和性動作。然而，這些性慾表現對環境的依賴性可能超乎人們的想像。因此，當一個孩子以這種方式自我表達時，家長應該想辦法分散他的注意力。可是通常情況下，他們採用的辦法往往難以產生理想的效果，而正確的方式有時也難以應用。

如果兒童在幼年時期沒能正確認識性器官的功能，他們可能會自然而然地對性行為產生更強烈的慾望。這種事我們早已在身體其他器官的發育過程中見識過，性器官也不例外。但如果能及早發現，我們就有可能透過訓練予以糾正。

　　一般來說，童年時期的性表達實屬正常，因此我們不必因為目睹了一個孩子的性動作而大驚失色。我們應該採取謹慎的觀望策略，我們必須束手而立，除非看到孩子的性表達發生了錯誤的偏向。

　　人們往往傾向於把問題歸咎於遺傳缺陷，而真正的原因可能是兒童時期的自我訓練。有時，這種訓練本身就會被視為由先天性格所致。於是，如果碰巧一個孩子對同性的興趣超過了異性，人們便會認為這是一種遺傳缺陷。但我們知道，這種「缺陷」是從其日復一日的生活中孵化而來的。有時候，一個孩子或成人會表現出性變態的跡象，同樣地，許多人相信這種扭曲來自先天遺傳，但若果真如此，為什麼這樣的人還要訓練自己呢？為什麼他會在夢中預演自己的行為呢？

　　有些人到了一定的時間就會停止這種訓練，對此，個體心理學能夠為我們提供解答的思路。比如，有些人害怕失敗，他們存在自卑情結。又或許，他們的不懈努力找錯了方向，以至於導致了優越情結，在這種情況下，我們往往會注

意到一些浮誇的行為，就好像他們在過分強調自己的性慾一樣，這樣的人也往往擁有更強的效能力。

這類努力尤其會受到環境刺激的影響。圖片、書籍、電影或某些社交活動已經讓我們看到了對性衝動的過分突顯。在我們的時代，也許有人會說，任何事都可能使我們過度誇大對性的興趣。有人指責道，當今的我們對性給予了過多的關注，但我們也不必為了捍衛這一觀點而貶低這種生理衝動的重要性，更不必對它們在愛情、婚姻以及人類繁衍中的重要作用視而不見。

孩子對性傾向的誇飾讓父母如臨大敵。太多時候，當母親第一次看到孩子的性動作時，她們往往會投入過多的關注，從而使孩子也進一步高估了性的意義。母親可能被孩子的這一舉動嚇壞了，她也許會一直和這個孩子待在一起，和他談論這些事情並為此對孩子施以懲罰。我們已經知道，許多孩子嚮往成為眾人矚目的焦點，於是這樣的情況頻頻發生：一個孩子故意讓他的不良習慣持續發生，因為這樣的行為會「吸引」責備。在與孩子探討這一話題的時候，我們最好不要過分鄭重其事，而是把這件事當作一個尋常的問題加以對待。如果孩子沒有察覺到你對此事的印象有多麼深刻，你之後會過得更加輕鬆。

有時，孩子成長背景中的一些傳統習慣也引導了他們的

某些傾向。這可能來自母親的愛，也許她不僅深愛孩子，更常常用親吻、擁抱等方式來表達她的愛意。這樣的舉動不應過度，儘管很多母親堅持表示她們對此很難抗拒。然而，這樣的行為並不是母愛的範例，這不是母親對待孩子該有的方式，這是把孩子當作了敵人。要知道被寵壞的孩子難以得到良好的性發育。

許多醫生和心理學家相信，性的日漸成熟為人們的整體思維、心理以及身體運動能力的成長奠定了基礎。但筆者對這種觀點並不苟同，因為性的完形及其發展依賴於人格，也就是我們所說的生活風格和原型。

舉例來說，如果我們看到一個孩子以某種方式表達了性慾，而另一個孩子抑制了這種慾望，我們也許會猜測這兩個孩子成年以後分別會有怎樣的經歷。如果我們知道有個孩子總想引人注目，總想成為征服者，那麼他的性發展也許會以征服為目的，使其自身成為關注的中心。

許多人相信，當他們以多配偶制的形式表達自己的性本能時，他們便處在了高高在上的支配地位，於是他們與多人維持性關係。很容易看出，他們出於一些心理因素而有意突顯自己的性慾望和相關態度。他們以為如此便成了征服者，這當然是一種錯覺，但這也是一種對自卑情結的補償。

　　性異常的核心是自卑情結。一個有著自卑情結的人總在尋找最簡單的出路。有時，他們會排斥生活中的大部分內容，唯獨放大性生活的存在感，以此找到他們所認為的最簡單的出路。

　　在兒童中，我們經常能看到這種傾向，特別是那些渴望占據別人的孩子。他們透過製造麻煩占據父母和老師的時間，長此以往，他們會在沒有意義的生活中越走越遠。在以後的生活中，他們也會以這種傾向達到占據他人的目的，並透過這種方式獲得優越感。這樣的孩子在長大後，很容易把性慾、征服欲以及追求優越的渴望相混淆。有時，在他們排斥生活的種種問題和可能性時，他們也會將整個異性群體排除在外，從而朝著同性戀的傾向成長。重要的是，在性異常的人群中，我們常常發現過度的性慾。事實上，他們誇大了自己的性異常，使其成為擋箭牌，從而如其所願地避免了與正常性生活中種種問題的正面交鋒。

　　只有了解了他們的生活風格，我們才能對這一切給出解釋。有這樣一些人，他們嚮往得到更多的關注，卻又堅信自己無法引起異性的充分注意。面對異性，他們存在著自卑情結。回溯童年，我們也許能獲得些許啟發。比如，如果男孩發現在家庭中，女孩和母親的行為比自己更有吸引力，他們也許就會覺得自己沒有能力吸引女性。他們還有可能會對異

性心生羨慕和崇拜之情，以至於開始模仿。因此，我們會看到一些男人像女孩一樣，也有一些女孩表現得如男人一般。

有這樣一個案例能充分闡釋我們之前討論的性傾向的形成。這是一個被控施虐和戀童的男人，透過調查他的成長史，我們得知他有一個控制慾極強的母親，常常對他吹毛求疵。但儘管如此，上學後他仍然成長為一名優秀的學生。但他的成功從沒能讓母親感到滿意。因此，他想將母親排除在他對家庭的情感之外。他對母親不感興趣，卻整天黏著父親，並對他極為依賴。

我們看到，這樣的孩子可能對女性形成一種嚴厲而挑剔的印象，他們會認為與女性的接觸並不是為了感受愉悅，而是受情勢所迫。於是，他們開始排斥異性。更有甚者，這樣的人往往也表現出我們所熟知的類型，那就是每當害怕時，他們就會感到煩躁。焦慮和煩惱的痛苦讓這類人總在不斷尋找一種情景，這種情景使他們不再感到害怕。在往後的生活中，他可能會自我懲罰或自我折磨，他也可能會喜歡看到兒童受虐，甚至將自己或他人幻想成受虐的對象。正如描述的那樣，這類人會在此種真實或想像的折磨過程中，感受到性刺激和性滿足。

這個男人的例子說明了錯誤訓練的後果。他從來不明白自己各種習慣之間的內在連繫，就算他知道，等他發現時也

為時已晚了。理所當然，如果一個人已經到了二十五歲或三十歲才開始進行適當的訓練，其難度之大可想而知。幼年才是進行訓練的恰當時機。

但在童年時期，存在於兒童與父母之間的心理連繫，也使得事情變得相對複雜。我們會詫異地看到，不良的性訓練如何造成親子間的種種心理衝突。一個好鬥的孩子可能會為了故意傷害父母而放縱性行為，這種情況在青春期階段尤為突出。我們經常聽聞一些男孩、女孩在與父母大吵一架後發生了性關係。孩子會以這種方式報復父母，尤其當他們知道父母在這方面有多麼敏感時。好鬥的孩子很可能會鎖定這一攻擊點。

避免孩子採用這種策略的唯一方法就是讓每個孩子對自己負責，這樣他們就會知道，自己的行為不僅會使父母瀕臨絕境，更是在把自己一步步推向深淵。

除了生活風格對映出的童年環境，會對性產生影響的還有一個國家的政治、經濟狀況。受這些因素的影響，特定的風氣會形成、瀰漫於社會之中，它們往往極具感染力。

我們會驚訝地發現，警察對這種以性作為心理釋放的手段了如指掌。至少在歐洲，一旦有犯罪事件發生，警察們通常都會來到妓院搜查。在那裡，他們總能找到其追蹤的殺人

凶手或其他罪犯。他們之所以流連於這樣的場所，是因為犯罪過後他們往往處於過度緊繃的狀態，因而需要宣洩。他們需要確認自己仍有足夠的力量來證明自己依然是強大的存在，而不是一個迷失的靈魂。

　　某個法國人說過，在所有動物之中，只有人類會不飢而食、非渴而飲，也只有人類的性交不受時節的限制。對性本能的過度放縱與其他慾望的肆意放任如出一轍。任何對慾望和興趣的過度縱容和任其發展，都會使和諧的生活遭受干擾。心理學年鑑上多的是這樣的案例，當人們隨心所欲到了一定的程度，就演變成了強迫的衝動。守財奴視財如命，這樣的例子已然為人們熟知。另一些人則認為潔淨至關重要，他們會把清洗置於所有活動之前，有時他們會清洗一整天直到三更半夜。還有人認為飲食的重要性至高無上，他們整天不停地吃，只對吃的東西感興趣，吃成了他們唯一的話題。

　　性過縱的案例亦是如此，它致使個體活動的和諧性全然失衡。這不可避免地會將人們的整個生活風格拽入無意義的生活之中。

　　對性本能的恰當訓練應當致力於駕馭性衝動，使其朝向有意義的目標發展，從而使個體的一切活動都能得到正常表達。如果我們的目標選擇得恰如其分，那麼無論是性慾還是其他生活表現都不會被過分強調。

　　雖然所有的慾望和興趣都應當受到控制並相互協調，但完全的壓抑同樣十分危險。正如飲食一樣，如果一個人節食到了極致，他的精神和肉體都會飽受折磨，同樣，關於性也是如此，完全的禁慾絕不可取。

　　這說明，在正常的生活風格中，性將找到自己恰當的表達方式。但這並不是說，僅僅透過性的自由表達，我們就能克服精神官能症這種以生活風格的不平衡為顯著特徵的疾病。有一種論斷被大肆宣傳，這種觀點認為力比多的壓抑是精神官能症產生的原因，但這並不是事實。情況恰恰相反，精神官能症患者往往沒有找到恰當的性表達途徑。

　　有人曾遇到過這樣一個人，他收到的建議是，要更自由地表達其性本能，於是他照做無誤，但結果卻越發糟糕。事情之所以會發展到如此境地，是因為他們沒能使性生活與有益的社會目標相適應，只要找到了這樣的目標，他們的精神官能症狀況就可能得以改善。性本能自身的表達並不能治癒精神官能症，因為精神官能症是一種關於生活風格的疾病，只有生活風格得到了改善，精神官能症才可能得到治癒。

　　對於個體心理學家而言一切都如此明瞭，他會毫不猶豫地回到幸福的婚姻，把它作為解決性困擾的最優方案。精神官能症患者卻往往不太歡迎這樣的解決方法，因為他們通常比較懦弱且沒有為社會生活做好充足的準備。同樣地，所有

過分強調性慾以及常將多配偶制、夥伴式愛情、試婚等掛在嘴邊的人，在一定意義上都是在試圖逃避性問題的社會性解決方案，他們不願採用以夫妻共同興趣為基礎的方式進行社會調適，反而試圖找尋一些新的公式，夢想著逃避問題的解決。然而有的時候，最難走的路才是通往終點的捷徑。

第十二章　性慾和性問題

第十三章
結論

　　現在,是時候對我們的研究結果做出總結了。我們使用的方法是個體心理學,對此我們可以毫不猶豫地承認。它以自卑問題開始,也以自卑問題結束。

　　自卑是人類的奮鬥與成功的基礎,對此我們已了然於心。然而,自卑感也是所有心理失調產生的原因。當個體無法找到適當而具體的優越目標時,自卑情結就產生了。自卑情結導致逃避的渴望,這種渴望又透過優越情結得以表達,而所謂優越情結只不過是毫無意義的生活目標,它只能帶來成功的假象和虛榮的滿足。

　　這是心理生活的動力機制。具體來說,關於心理功能方面的錯誤,出現的時機尤為關鍵,某些特定時期的錯誤將比其他時期更為有害。我們知道生活風格是在童年時期形成的傾向中逐漸明晰的 —— 也就是四五歲時所形成的原型。正因如此,對心理生活的指導重任全都指向了童年時期的恰當引導。

　　關於童年的引導,我們已經說過,其首要目標應當是培養合適的社會興趣,從而形成健康有益的目標。只有訓練兒童適應社會發展的總體方向,普遍存在於我們之中的自卑感才能得到妥善約束,從而防止自卑情結或優越情結的產生。

　　與自卑問題相對應的則是社會適應。人類因為個體的劣

勢和脆弱而選擇以社會的形式生存，因此，個體只有透過社
會興趣和社會合作才能找到救贖。

電子書購買

爽讀 APP

國家圖書館出版品預行編目資料

阿德勒的心理學繪圖，從內在衝突到外部行為
的全景剖析：從早期記憶到成年性格，一步步
了解日常行為的成因 / [奧] 阿爾弗雷德‧阿德
勒（Alfred Adler）著，邊愛萍 譯 . -- 第一版 . --
臺北市：樂律文化事業有限公司 , 2024.06
面 ； 公分
POD 版
譯自：Psychosomatik.
ISBN 978-626-98687-5-9(平裝)
1.CST: 阿 德 勒 (Adler, Alfred, 1870-1937)
2.CST: 學術思想 3.CST: 精神分析學
175.7　　113007550

**阿德勒的心理學繪圖，從內在衝突到外部行
為的全景剖析：從早期記憶到成年性格，一
步步了解日常行為的成因**

臉書

作　　　者：[奧] 阿爾弗雷德‧阿德勒（Alfred Adler）
翻　　　譯：邊愛萍
責 任 編 輯：高惠娟
發 行 人：黃振庭
出 版 者：樂律文化事業有限公司
發 行 者：崧博出版事業有限公司
E - m a i l：sonbookservice@gmail.com
粉 絲 頁：https://www.facebook.com/sonbookss/
網　　　址：https://sonbook.net/
地　　　址：台北市中正區重慶南路一段 61 號 8 樓
8F., No.61, Sec. 1, Chongqing S. Rd., Zhongzheng Dist., Taipei City 100, Taiwan
電　　　話：(02) 2370-3310　　傳　　　真：(02) 2388-1990
律 師 顧 問：廣華律師事務所 張珮琦律師
定　　　價：299 元
發 行 日 期：2024 年 06 月第一版
◎本書以 POD 印製